中国博士后科学基金第57批面上资助项目"网络知识产权诉讼中的证据问题研究"（编号：2015M571238）成果

# 网络知识产权诉讼中的
# 证据问题研究

李慧 著

知识产权出版社

全国百佳图书出版单位

图书在版编目（CIP）数据

网络知识产权诉讼中的证据问题研究／李慧著.—北京：知识产权出版社，2018.11
ISBN 978－7－5130－5909－1

Ⅰ.①网… Ⅱ.①李… Ⅲ.①互联网络—知识产权—民事诉讼—证据—研究—中国
Ⅳ.①D923.404

中国版本图书馆 CIP 数据核字（2018）第 236511 号

责任编辑：齐梓伊　　　　　　　　　　　责任校对：谷　洋

封面设计：张　悦　　　　　　　　　　　责任印制：刘译文

网络知识产权诉讼中的证据问题研究

李　慧　著

| | |
|---|---|
| 出版发行：知识产权出版社 有限责任公司 | 网　　址：http：//www.ipph.cn |
| 社　　址：北京市海淀区气象路 50 号院 | 邮　　编：100081 |
| 责编电话：010－82000860 转 8176 | 责编邮箱：qiziyi2004@qq.com |
| 发行电话：010－82000860 转 8101/8102 | 发行传真：010－82000893/82005070/82000270 |
| 印　　刷：北京中献拓方科技发展有限公司 | 经　　销：各大网上书店、新华书店及相关专业书店 |
| 开　　本：720mm×1000mm　1/16 | 印　　张：11.25 |
| 版　　次：2018 年 11 月第 1 版 | 印　　次：2018 年 11 月第 1 次印刷 |
| 字　　数：178 千字 | 定　　价：49.00 元 |
| ISBN 978－7－5130－5909－1 | |

# 前　言

　　网络知识产权诉讼中的证据问题，主要是研究关于网络知识产权诉讼中的证据收集、证据筛选、证据运用、证据审查和认定等证据调查问题。快速发展的信息技术为人类在生活的物理空间之外，创建起一个更为复杂多变的网络空间。并且随着各国网络技术水平的飞速发展，网络空间的功能更趋于多元化，在原本的信息传播媒介之外逐渐拓展出社会联动平台的功能，网络参与社会的深度在不断增加，网络影响生活的广度也在不断扩大。网络技术的迅猛发展不仅拓展了知识产权载体的范围，形成网络化的知识产权，与传统的知识产权在复制、合理使用等方面相比都出现了不小的差异；而且网络技术的广泛渗透改变了侵犯知识产权的行为方式，这使得在网络知识产权诉讼中既有与其他知识产权案件共同面临的证据问题，同时也出现了一些异于传统知识产权诉讼的证据问题，有必要对这些共同的和变异的证据问题进行综合研究，从而更好地应对网络技术对知识产权诉讼证明提出的挑战。

　　网络知识产权诉讼中的证据调查亦应遵循利益平衡原则，然而由于网络环境下涌现出新的利益主体，如网络内容提供商、网络服务提供商等，而且网络环境下知识产权也发生了异于传统知识产权的变化，因此在网络知识产权诉讼的证据调查过程中，利益平衡原则的运用和贯彻将会更加迫切和复杂。当权利人面对挑战时，是采取短视的解决方案，沿用过去的思维模式和法律规范，盲目促成失衡的立法，还是跟上科技前进的步伐和社会变革的趋势，为自己赢得更丰富的经济收益和更长远的发展前景。不言而喻，选择后者更为明智，因此未来知识产权司法保护将会出现自由主义与保护主义相融合的发展趋势，以利益平衡为基本原则，逐步实现知识产权保护制度促进科技进步和经济发展的最终目标。

司法机关与相关利益主体（包括权利人或受害人、数字服务业者）之间的信息分享与取证合作具有重要的意义，是应对网络知识产权犯罪案件向刑事司法机关提出的巨大证据挑战的必要举措，是实现网络知识产权案件取证方法科学化的必然选择。通过司法机关与相关利益主体之间的信息分享与取证合作，一方面可以广泛拓展司法机关获取侵权证据的渠道和来源，从而有效地凝聚有关侵权的信息。另一方面还可以迅捷、有效地完成撷取证据与传递信息的工作，从而构建和形成有效的信息传递系统和比较完整的证据链条。既扩充了证据的数量，同时也提升了证据的质量，并最终通过充分有效的证据链条完成证明任务，从而打破网络知识产权侵权者（们）所构筑的"智能堡垒"。

我国知识产权保护长期以来实行的是"双轨制"，即知识产权行政保护与司法保护相互独立又相互补充的模式。与司法救济相比，行政执法具有主动性，手段多样性、便捷性、高效率等优势，这既使得行政保护成为知识产权权利人首选的救济渠道，同时也使得偏被动的知识产权司法救济必须与行政执法之间建立和完善衔接机制。在网络环境下，前所未有的侵权便利性、隐蔽性使得行政执法的优势更加凸显，行政执法力量无可置疑地占据了打击网络知识产权侵权的前沿阵地，而司法救济作为权利人的最后一道保护屏障当然迫切需要从对抗侵权的信息前沿处获得更多有价值的证据支撑，与行政执法力量构筑起有效的信息衔接和证据转化机制，从而形成有效的打击网络知识产权侵权的强大证据合力。

网络知识产权诉讼就是一场侵权者与反侵权者之间的智能较量、技术竞赛。如果反侵权方（包括司法机关和权利人）只采用传统的取证方式，那么在这场智能较量与技术竞赛中反侵权方很有可能会败下阵来。因此为了赢得这场较量和竞赛，反侵权方必须采用普通取证和诱惑取证有机结合、网络取证与现实取证相结合的方式才能有效对抗网络知识产权侵权行为。

网络知识产权诉讼中总会出现这样那样的专门事实，需要具备专业知识和技能的专家去分析解读并提供专业性意见。但是由于解读所需要的科学知识超越了裁判者和司法证明主体的知识界域，因此这种专业性意见与裁判者以及司法证明主体所具有的法律知识和一般常识之间形成了一条"知识鸿沟"，使得裁判者和司法证明主体都无法对此种技术型证据进行有效的审查和质疑。这不仅影响了裁判者对专门性事实的准确认定，同时也在很大程度上剥夺了当事人的程序参与权。因此为了保证司法裁判的正当性，我们应该努力弥补这一"知识鸿沟"，为裁判者建构适当的技术审查方式，同时也为当事人在司法证明中提供合理的技术辅助手段。

李　慧

2017 年 7 月 15 日于北京

# 目录 Contents

# 导　论

现代科学技术的飞速发展，不仅使人类社会生活方式发生了巨大变化，而且在法律领域中对知识产权保护制度提出了前所未有的挑战，各国立法者不得不通过修法变制来回应这一挑战。在变法改制中，大多数国家为了有效惩治和遏制日益严重和复杂的知识产权侵权行为，首先在实体法领域作出了回应，程序法领域的改革步伐则迟缓于前者，而证据法领域的调整较前二者则更为迟滞。

然而证据是司法裁判的基础，无论是知识产权实体法的改革，还是相关程序法的调整，都必然会在知识产权诉讼中引发独特的证据问题，促使知识产权诉讼中证据规则的变化。而且只有有效解决这些独特的证据问题，合理调整相关的证据规则，才能真正地使变革后的知识产权实体法和程序法得以实施，从而切实地为知识产权（包括网络环境下的知识产权）提供充分、有效的保护。

当以网络技术为代表的"知识革命"席卷全球时，网络技术即以迅猛之势广泛渗透于知识产权领域，不仅知识产权的权利客体呈现出网络化、数据化，而且侵权手段亦突破了现实空间而延展至网络技术所创造的虚拟空间。随之而来的新型的、网络环境下的知识产权违法和犯罪行为很快形成扩散之势，并成为各国打击知识产权违法、犯罪的重点目标，各国的知识产权保护机制也因此亟须革新与调整。网络环境下的知识产权侵权行为出现了不同于传统知识产权侵权行为的新变化、新特点，如侵权目的趋于多元化，侵权手段高智能化，侵权行为的危害性发生变异等。这些新变化、新特点使得网络知识产权诉讼中产生了一些较传统知识产权诉讼不尽相同的证据问题，为了给网络环境下的知识产权保护提供有效的证据保障，我们有必要对这些证据问题进行深入探讨和研究。

## 一、我国网络知识产权诉讼中证据问题研究的综述

### （一）民诉与刑诉中相关证据问题的研究不均衡

我国在 2000 年之后对主要的知识产权法进行了较大规模调整和修订，但主要是通过民事程序得以实施。世贸组织的 Trips 协议第 41 条、第 42 条及第 49 条都指出知识产权的保护（无论通过司法还是行政执法）都要适用民事诉讼法的原则。可见，知识产权保护的重镇一直以来都处在民事领域，理论界也着重于知识产权的民事保护研究，而实务界也把改革和完善的重心放在民事领域。当以网络技术为代表的"知识革命"席卷全球时，不仅侵犯知识产权的客体范围不断扩大，更为突出的变化就是侵权行为更加复杂、多样化，社会危害性的评判也更复杂、更困难。对此理论界和实务界保持了长久以来重民事保护的传统，多从其对民事领域的挑战作出回应，[1] 但从刑事领域的探究则相对较少，刑事保护与民事保护衔接的论述则更为少见。这也致使对相关领域证据问题探究和改革的重心在民事领域，例如在相关民事诉讼中的专业技术鉴定问题、举证责任分配问题、特殊取证方式的探索以及证据保全问题等方面都取得了显著的成果和丰富的经验，[2] 而对相关刑事诉讼中证据问题的探究则相对薄弱，民事与刑事领域的研究存在较为明显的不均衡问题。

### （二）"两法之间"信息衔接和证据转化的探究存在不足

为了有效打击知识产权侵权行为，尤其是网络环境下知识产权的侵权行为，应重视关于两法之间信息衔接和证据转化的研究和探索，从而有效解决司法部门由于信息不畅、资源不足、经验单薄而无法有力打击知识产权侵权

---

[1] 郑成思："民法、民事诉讼与知识产权"，载《法律适用》2001 年第 1 期。冯刚："涉及搜索引擎的侵犯著作权纠纷研究"，载王振清主编：《知识产权法理与判决研究》，人民法院出版社 2005 年版，第 235~236 页。周涛裕："浅析网络著作权的司法保护机制"，载《信息网络安全》2006 年第 3 期。

[2] 蒋志培："知识产权审判中证据认定应把握的几个问题"，载《中国审判》2006 年第 4 期。王海英、黄从珍："试论知识产权侵权诉讼中证据取得制度的完善"，载《科技与法律》2000 年第 1 期。马东晓、张华："知识产权诉讼中的专业鉴定问题"，载《法律适用》2001 年第 9 期。

行为的突出问题。当网络技术广泛渗透入知识产权时，对于知识产权的保护（包括行政保护和司法保护）势必会遇到前所未有的挑战，对于不同领域的研究人士而言，更强烈地需要他们突破障碍对行政执法和司法审判中涉及的证据问题展开协调性和综合性的研究，改变过去各自为战、相互疏离的弊态。尽管有不少学者尝试着对知识产权侵权案件中信息衔接和证据转化的问题进行探究①，但是两法间孤立研究的不良状态仍然存在，例如有的研究行政保护的学者仅关注于相关领域的行政执法问题，但却很少涉及与此紧密相关的司法保护问题，更少涉及证据转化和效力认定问题。② 为了改变这种研究上相互疏离的状态，我们有必要继续加强两法间信息衔接和证据转化的研究。可喜的是，近几年来我国最高人民检察院一直在积极推动"两法衔接"的工作，在有条件的地方建立起行政执法与刑事司法的网上衔接与信息共享机制。目前，上海、北京、江苏、广东、浙江等省的部分地区已经建立起这种机制，为检察机关与行政执法机关之间的紧密衔接和有效合作提供了便利。

（三）公力救济与私力救济间信息沟通和取证合作的研究比较薄弱

对于网络知识产权侵权行为，国内学者大多关注的是国家公权力救济机制的研究，但却很少把视野投向最原始也是最长远的私力救济。对于这些重视公权力救济研究的梳理，发现其对于私力救济的忽视存在着不小的疏漏。首先，过度强调侦查人员、审判人员专业化的重要性③，却忽视了权利人可以为确认侵权以及侵权程度给予必要的专业支持，而且对非官方专业人员的技术指导和知识支撑的重要意义也未给予足够的关注。其次，重视相关案件

---

① 周舟："我国知识产权行政执法与刑事司法衔接机制研究"，载《福建法学》2011 年第 1 期。梅术文："知识产权的执法衔接规则"，载《国家检察官学院学报》2008 年第 4 期。

② 如莫于川："知识产权行政保护制度亟待改革"，载《改革》1998 年第 6 期。和育东："走出专利行政保护的发展困境——以外观设计专利与发明、实用新型专利的区别为视角"，载《电子知识产权》2009 年第 10 期。邓建志："WTO 框架下中国知识产权行政保护问题研究"，同济大学 2008 年博士学位论文。

③ 杨正鸣：《经济犯罪侦查新论》，中国方正出版社 2004 年版，第 485 页。赵国玲：《知识产权犯罪调查与研究》，中国检察出版社 2002 年版，第 367 页。方新文、梅文斌："公安机关打击侵犯知识产权犯罪面临的问题及对策"，载《政法学刊》2002 年第 4 期。阴建峰、张勇："挑战与应对：网络知识产权犯罪对传统刑法的影响"，载《法学杂志》2009 年第 7 期。

审判方式的专门化研究①，但是对于相关案件其他解决途径的研究则比较薄弱，对双方当事人参与和影响诉讼以及其他解决途径的重要作用的研究则比较忽视，尤其是对当事人在参与解决纠纷中必要的技术辅助机制的研究比较薄弱。最后，偏重对公权力机关如何有效打击和惩罚网络知识产权侵权行为问题的研究，但却不注重如何预防相关侵权行为发生以及减少侵权行为损害方面的研究。如果能够对受害者维护权利、防止或减少侵权损害的相关知识、技术和方法进行深入研究，就可以大大提高受害者维权的能力，最大限度地减少侵权所可能造成的损害，并可以在很大程度上预防网络知识产权侵权行为的发生，从而为保护网络环境下的知识产权提供有力的保障。

（四）对当事人证明中知识鸿沟弥合机制的研究比较薄弱

与一般的知识产权侵权诉讼相比，网络知识产权侵权诉讼的证据审查和评判，更强调专业知识和技术能力的重要性。如果裁判者的知识界域不能涵盖审查、评判证据所需的知识和技术，出现了"知识鸿沟"，又无其他人员或机制予以弥补，那么裁判者就无法对相关证据作出准确评判，这也正是这类案件向司法部门提出的核心挑战。因此在我国无论是理论界还是实践界都非常关注如何弥合裁判者"知识鸿沟"问题的研究，如何为裁判者审理此类技术性、专业性很强的案件提供有效的指导和帮助。② 但是对于如何弥合当事人诉讼证明中知识鸿沟问题的研究则相对薄弱，当事人在诉讼证明中的地位和作用被忽视，如果不能对其在诉讼证明中的技术辅助机制进行深入研究，也就不能为相关立法改革和实践探索提供有力的指引和扎实的支撑。

（五）现实取证与网络取证、普通取证与秘密取证的结合研究存在不足

不断发展的网络技术在为人们有效快捷获取信息提供便利的同时，也为实施侵犯知识产权的行为提供了相应的便利和环境，网络知识产权侵权行为

---

① 姜艳菊："知识产权案件的专门化审判"，载《电子知识产权》2008 年第 1 期。易玲："知识产权三审合一的'合'与'分'——兼谈日本知识产权专门化审判模式及我国路径的选择"，载《政治与法律》2011 年第 11 期。胡淑珠："试论知识产权法院（法庭）的建立——对我国知识产权审判体制改革的理性思考"，载《知识产权》2010 年第 4 期。郭寿康、李剑："我国知识产权审判组织专门化问题研究——以德国联邦专利法院为视角"，载《法学家》2008 年第 3 期。

② 赵静："网络知识产权案件中的证据问题"，载《人民司法》2002 年第 7 期。杨钧："审理网络知识产权案件的几个问题"，载《人民司法》2001 年第 7 期。

呈现出前所未有的便捷性、复杂性、隐蔽性、群体性。因此为了有效应对这种复杂隐蔽的网络知识产权侵权行为，很多学者就把关注点投射于网络取证、秘密取证，然而关于网络知识产权案件中网络取证与现实取证、普通取证与秘密取证的结合研究却存在很大的不足，亟待加强。对网络知识产权侵权行为的有效回击既不能仅凭网络取证方式或秘密取证方式，更不能抱着传统的现实世界的普通证据调查方法裹足不前，唯有将现实取证与网络取证、普通取证与秘密取证有效地结合在一起，相互协调，相辅相成，才能有力地打击网络环境下的知识产权犯罪。

（六）证据调查中利益平衡的研究较为欠缺

利益平衡是知识产权保护的基石，因此在打击网络知识产权侵权行为的证据调查过程中也同样要遵循利益平衡的原则。有的学者秉持保护主义立场，注重权利人利益维护方面的研究，偏重于研究如何有效收集、调查侵权证据，轻视关于网络环境下公众合理使用等方面证据问题的考察，并且提议对网络服务商设置较为严格的监控和配合职责。而有的学者则遵循自由主义立场，更为看重网络知识产权领域中公益维护的探究，对网络空间中公众使用信息的自由持比较宽松的态度，对网络服务商在侵权证据提取和收集方面的监控和配合责任并不主张严格化。然而过度保护某一方利益，将会使得网络环境下知识产权和经济建设的健康发展遭受阻碍，因此有必要融合两种立场，努力寻求各方利益的平衡点。

## 二、国外知识产权诉讼中证据问题研究的综述

为了有效地打击和预防知识产权侵权行为，很多发达国家既重视实体层面的改革，同时也日益关注司法领域的调整和完善，通过改善相关的司法制度来赋予知识产权保护更为完整的意义。例如美国，为了对本国知识产权提供完整的保护，其在不断扩大实体保护的同时也加强了对知识产权的司法保护，在 20 世纪 90 年代后就逐步建立了一些专业化的司法组织，包括美国司法部先后设立的"计算机犯罪与知识产权部""计算机与电信协调员部"和"计算机黑客与知识产权部"三个高度专业化的部门，2002 年美国联邦调查局在其内部设立的"网络与知识产权部"等。这些司法组织具有不同于其他

司法组织的两个主要特征就是专业性和协调性，而这两个特征正是司法部门对于知识产权案件异于其他案件的调整和改变，以应对和解决知识产权案件中证据调查的技术障碍和信息不畅。美国正是试图通过这些司法组织之间的相互协调、相互配合，保证这些司法组织能够以专业化的知识和技能成功担负起以证据为首务的相关司法工作，从而更为有力地为本国知识产权提供保护。

（一）重视行政保护和司法保护的信息衔接

从有关知识产权国际规范制订与运作的现实和发展就能看出知识产权领域在司法保护之外关注行政保护的国际趋势。从 1991 年 Trips 协议（即《与贸易有关的知识产权协议》）开始，行政执法在知识产权保护中的重要地位和作用已经逐步获得了国际范围内的认可和肯定。[①] 从多数国家法律实践和具体运作的现状和发展来看，也在知识产权的司法保护之外逐步加强行政保护的能力和手段。例如美国在知识产权的保护中就非常注重建构和完善本国司法部门与有关行政执法部门之间资源协调与信息共享的机制，从而避免司法部门由于信息不畅、资源不足、经验单薄而无法有力打击知识产权犯罪。在网络环境下，知识产权行政保护的作用更为凸显，例如法国，为了对本国的网络知识产权侵权行为进行有效的预防和控制，2009 年 4 月国会通过了《HADOPI 法案》，并据此成立了法国第一个专门管理网络传播及保护相关知识产权的机构——"网络著作传播与权利保护高级公署"。该机构由立法、行政和司法三个部门的人员联合组成，专职负责对网络传播行为进行监控和处理，还可以通过建档、申诉、检查执行结果等方式为有关知识产权案件诉讼的顺利进行提供有效保障。[②] 正是这一特殊的机构使得法国版权的行政保护和司法保护实现顺利衔接，尤其是信息的沟通和衔接，从而在很大程度上为网络知识产权犯罪的刑事诉讼提供更为充分、有效的证据保障。

（二）关注民事程序与刑事程序的信息衔接和证据转化

美国对知识产权违法犯罪行为采取民、刑、行合一的审判方式，这种审判

---

① 参见郑成思：《知识产权法》，法律出版社 1997 年版，第 51～52 页。
② "法国 HADOPI 互联网法案：预防和惩治两手管理"，载 http：//www. dzwww. com/roll/News/news/201007/t20100708_ 6296547. htm，访问时间：2012 年 3 月 17 日。

方式符合知识产权及知识产权制度的综合性；符合知识产权案件专业化的要求；有利于专业资源的配置和协调；有助于不同程序之间的信息衔接和证据转化。

（三）注重私力救济与公力救济间证据调查的协调配合

根据英国知识产权局（UKIPO）反知识产权犯罪小组发布的《2010—2011年知识产权犯罪报告》（以下简称《报告》），知识产权犯罪协调组织（the IP Crime Group)① 负责在打击知识产权犯罪过程中协调政府、执法机构和企业之间的关系，旨在解决打击知识产权犯罪（主要是假冒和盗版）方面各方力量协作和配合的问题，引导和促使各方能够在打击知识产权犯罪的过程中实现协调配合。② 可见英国十分重视公力救济与私力救济之间的紧密衔接和协调配合，正是两种救济保护方式的协调配合，才能取得更加充分有效的侵权犯罪证据，从而有效打击当前猛增的网络知识产权犯罪。

此外，2011年英国知识产权局在网上公布了帮助企业避免知识产权侵权的一系列实用指导，为权利人防止和减少知识产权犯罪侵害提供指导和帮助。这一系列的实用指导和帮助包括为本国企业建立和完善有关知识产权的政策示例；为管理者以及员工分别制定出合理的预防和控制知识产权侵权的指南；为权利人制定出有效的报告知识产权侵权（尤其是犯罪）的行动手册等内容。正如英国反软件盗版联盟（FAST）的总法律顾问 Julian Heathcote Hobbins 所讲，对于权利企业而言，前述的指导和帮助将是极为宝贵的资源。③ 这是因为这些指导和帮助中所蕴藏的信息成为了权利企业逾越知识产权保护中各种潜藏雷区的导航仪。这种简单易操作的服务和帮助会为权利企业提供有关防止和减少侵权的方法和技巧，从相关政策的制定、适用到如何报告知识产权犯罪提供了一系列的指导，从而很大程度上减少权利人暴露在

---

① The Group was founded in 2004 by the Intellectual Property Office due to the need to bring together Government, enforcement agencies and industry groups. The group aims to ensure a collaborative approach in addressing key IP crime (counterfeiting and piracy) issues. The Group is run by the IPO which provides the secretariat and is chaired by Deputy Chief Constable Giles York of Sussex Police.

② The 2010/2011 IP Crime Report, http://www.homeoffice.gov.uk/publications/crime/new-approach-fighting-crime? view = Binary, 18.

③ "英国知识产权局公布新的在线企业指南"，载 http://www.nipso.cn/onews.asp? id = 11852, 访问时间：2012年4月25日。

侵权雷区的风险，即便面对侵权风险，权利人也能够及时取得侵权证据而最大程度地保护自己的利益。

**（四）关注证明中知识鸿沟弥合的研究和实践**

在国外大致通过三种方式来解决证据审查和评判中"知识鸿沟"的问题，第一种是日本模式，即法院自配技术辅助人员为法官提供技术咨询。在日本，东京知识产权高等法院的法官并不要求有技术背景，而是在法院内部配置相关的技术人员，负责为法官在审理知识产权案件时提供技术咨询意见，从而帮助法官对技术事实作出准确认定，并据此作出正确的法律裁决。第二种是英国模式，即法官全部由既具有法律知识又具有相关技术背景的人组成。英国专利法院是英国高等法院大法官部的一个专门法庭，专门审理不服专利局长决定的专利上诉案件，该专门法庭设有 6 名主审法官，资格要求其不仅要有法律知识，同时要兼有技术背景。第三种是德国模式，即在审判组织中吸收兼有相关知识或技术的人员参与审判。在德国，联邦专利法院的法官就有普通法官和技术法官两种类型，在处理有关商标等技术性不强的一般案件时，无须技术法官参审，3 名普通法官组成的审判庭就可进行审理，但是审理有关专利等技术性较强的案件时，审判庭中必须有技术法官才能进行审理。① 由于科学技术的不断更新，专业分工也越来越细，不可能存在一个全知全能的法官掌握所有专业领域的知识和技术，"知识鸿沟"难免会产生。WIPO 执法司司长 Wolfgang Peter Starein 在 2006 年 "世界知识产权组织知识产权执法高层圆桌会" 上就曾指出："现实生活中技术的种类纷繁复杂，在有专业技术辅助人、专家证人的基础上，审理知识产权纠纷时那些专业性问题是能够得到解决的，但所耗费的时间和费用也是巨大的。然而不能因此就将负担转移给法官来承受。"他认为，如果法官有某一专业技术背景，那么在处理那一方面的知识产权纠纷中是很好的，但一味强调知识产权法官必须具有专业技术背景是不现实的，向他们转移这种负担并不公平。因此知识产权保护的发展趋势就是根据网络知识产权犯罪的具体情况灵活运用、合理调整。

---

① 姜艳菊："知识产权案件的专门化审判"，载《电子知识产权》2008 年第 1 期，第 44 页。

（五）证据调查中的利益平衡研究相对薄弱

一直以来，尽管利益平衡都是各国知识产权法律制度的基石，但是法律的发展总是赶不上技术发展的脚步，这些法律规定更无法赶上迅猛的网络技术发展步伐，知识产权保护中总是存在着一些灰色模糊地带而难以进行利益平衡的分析和判断，当网络技术广泛渗透于知识产权领域后，这种灰色的模糊地带将会不断扩大。如果说在网络技术产生和发展之前，知识产权的专有范围和公共领域之间的界限还能够大致廓清，寻找和确定公私之间利益平衡点还有可能做到的话，那么网络技术的渗透则会使得知识产权的专有性趋于弱化，知识产权的专有范围与公共领域之间的界限会越来越模糊，越来越难廓清，相关利益平衡点的分析和判断也会出现前所未有的困难和挑战。加之有些国家，例如美国，在自由主义理念的支配和影响之下对知识产权权利人的保护有不断扩张的态势，当面临网络侵权的高风险时，这种扩张的态势就更为明显和突出。在 2003～2004 年，美国的唱片工业协会（RIAA）依据《千禧年数字版权法》控告了若干下载或分享音乐文件的网络用户，这使得美国版权法中的"合理使用"条款几乎完全失效，知识产权保护所追求的知识创新与共享的平衡被严重破坏，知识产权保护制度蓬勃发展的基础遭到损毁。① 对此美国的知识产权政策和相关立法也展开了新的调整和改进，开始在知识产权保护与互联网自由之间寻求一个平衡点。2013 年 2 月 14 日美国总统奥巴马在通过谷歌视频群聊工具举行的一次非正式交流活动中就谈到了关于网络环境下知识产权领域内利益平衡的思想，他讲道，"互联网的强大功能就源于其开放性，以及人们能够从中快捷获取信息和以较低门槛引入一个个新思想的能力。不论我们选择什么样的方式去处理专利或版权问题，都应该努力做到在各利益主体间承担其一个诚实中间人的角色，既确保知识产权受到有效保护，同时也应保证互联网获得完善和发展。"②

---

① 参见［美］约翰·冈茨、杰克·罗切斯特：《数字时代盗版无罪？》，周晓琪译，法律出版社 2008 年版，第 179 页。

② "奥巴马重击专利流氓　呼吁进行专利改革"，载 http://www.ipr.gov.cn/guojiiprarticle/guojiipr/guobiehj/gbhjnews/201302/1730212_1.html，访问时间：2013 年 3 月 1 日。

# 第一章　网络知识产权诉讼中
# 证据问题的概论

## 第一节　网络知识产权诉讼的概述

### 一、网络知识产权诉讼的概念

程序法与实体法从近代开始就逐渐分离，获得了独立的地位，但是在面对知识产权侵权案件时，传统的诉讼制度却会有许多不适应的地方，这使得知识产权实体法在制定、修改时都会对相关的重点程序问题作出新的规定，以适应知识产权变化发展对相关诉讼提出的要求。网络知识产权侵权案件更趋复杂、多变，对传统诉讼制度的变革需求更为强烈，相关实体法出台或修订时，相关的程序问题也会成为立法当中不可忽视的一部分内容。网络知识产权诉讼是指法院在当事人和其他诉讼参与人参加下，依法审判网络空间内所发生的知识产权侵权行为，以实现知识产权保护目标的系列活动。①

### 二、网络知识产权诉讼的特征

就网络知识产权诉讼主体而言，在相关民事诉讼中，网络知识产权诉讼多以共同诉讼的类型出现，而且经常还会出现有关第三人的主体问题。而且由于网络知识产权诉讼审理的是网络空间内发生的侵权行为，因此网络知识产权诉讼的主体还披有一层网络的外衣，侵权者会因为在网络环境下身份和

---

① 参见张耕：《知识产权诉讼研究》，法律出版社 2004 年版，第 73 页。

角色的差异而存在诉讼地位和法律责任的不同划分。网络知识产权诉讼客体也会因为侵权者在网络环境中作用和角色的不同而大致划分为三个类型，网络技术服务提供商的侵权、网络内容服务提供商的侵权以及网络用户的侵权。

就网络知识产权诉讼客体而言，网络知识产权诉讼客体就是网络空间内发生的知识产权侵权行为，即网络知识产权侵权行为。网络知识产权侵权行为是一个新兴的、带有综合性的类概念，是信息网络与知识产权迅猛发展所带来的衍生品，是兼具网络侵权行为和侵犯知识产权行为特点的交叉侵权类型。所谓网络知识产权侵权行为是指网络内容提供者、网络服务提供者、网络消费者等网络主体对知识产权所有者依法享有的权利的侵害。在网络知识产权诉讼中对于知识产权权利保护范围的认定、侵权行为的认定、侵权程度的判断、侵权危害的评判等都不仅仅是法律审查和判断的问题，同时涉及相关领域的科学知识和专业技能，而且由于其与网络的结合，使得专业技术问题更趋复杂。因此网络知识产权诉讼的审理和参与的难度就大大提高，对诉讼方式和技能就提出了巨大的挑战。[①]

就网络知识产权诉讼法律关系而言，网络知识产权诉讼法律关系具有复杂多变的特点。在网络知识产权诉讼中经常会发生诉的合并，要么是数个当事人合并到了同一诉讼程序当中进行审判，要么同一原告与同一被告之间因为多项有牵连关系的诉讼客体而合并在一起进行审判。而且在网络知识产权诉讼中也常会出现连环诉讼的现象，即变更之诉与确认之诉相连，给付之诉引起确认之诉或变更之诉等。

### 三、网络知识产权诉讼在我国的发展历程

当网络技术以迅猛之势广泛渗透于知识产权领域时，知识产权的权利客体出现网络化、数据化的新特点，侵权手段亦突破了现实空间而延展至网络技术所创造的虚拟空间。随之而来的新型网络知识产权侵权很快形成扩散之势，并逐步成为我国打击知识产权侵权的重点，我国立法及相关研究较为敏

---

① 参见蒋满元：“知识产权侵权诉讼特点及其最优成本分析”，载《内蒙古社会科学（汉文版）》2006 年第 9 期。

感地作出了回应，但是更多的声音来自实体法领域，诉讼程序领域的研究及立法则相对较少，而且片段化、局部化，缺乏系统化。

就国内相关的规范性文件而言，也呈现出明显的重实体轻程序的特点，抛开相关的实体法律规范不说，司法实务部门所出台的司法解释等规范性文件也都着重解决相关实体法中相关条文（第 213 ~ 222 条）的细化适用问题。例如 2004 年《最高人民法院、最高人民检察院关于办理侵犯知识产权刑事案件具体应用法律若干问题的解释》中就有大量规定是解释刑法中所规定的"情节严重""情节特别严重""数额巨大""明知"等。即便是 2011 年最高人民法院、最高人民检察院、公安部、司法部联合发布的《关于办理侵犯知识产权刑事案件适用法律若干问题的意见》（以下简称《刑事意见》），其超过半数的规定（第 5 ~ 13 条）仍然是为了明晰刑法的规定，解决罪与刑的问题，而只有少半数的规定（第 1 ~ 4 条）是关于程序问题的，包括侵犯知识产权犯罪案件的管辖、刑事与行政执法部门间证据转化与衔接问题、委托鉴定问题以及自诉案件的证据收集问题。其中《刑事意见》还针对通过网络实施侵犯知识产权的犯罪作出了规定，既涉及实体问题，仅限于网络侵犯著作权的定罪处罚问题，又涉及程序问题，即关于网络侵权案件的管辖问题，规定由传播侵权作品、销售侵权产品的网站服务器所在地、网络接入地、网站建立者或者管理者所在地、侵权作品上传者所在地的公安机关立案侦查，并由该公安机关所在地的人民检察院、人民法院负责起诉和审判工作。尽管其中关于网络侵权犯罪的规定还比较粗疏，但不可否认 2011 年《刑事意见》的出台在很大程度上体现出了我国当前法治观念的转变，即不仅仅关注网络环境下知识产权的实体保护，同时也应该为其提供程序保护。

## 第二节　网络知识产权诉讼客体——网络知识产权侵权行为的界定

网络知识产权诉讼就是法院在控诉双方及其他诉讼参与人参加的情况下，对网络空间内发生的侵权行为进行审判的一系列活动。网络知识产权诉讼的客体就是网络空间内发生的侵犯知识产权行为，即网络知识产权侵权行为。但是何谓网络知识产权侵权行为，网络知识产权侵权行为究竟与传统的知识产权侵权行为有何不同，本节就着重对网络知识产权诉讼的客体即网络知识产权侵权行为进行一番梳理和阐释。

## 一、网络知识产权侵权行为的概念

快速发展的信息技术为人类在生活的物理空间之外，创建起一个更为复杂多变的网络空间。并且随着各国网络技术水平的飞速发展，网络空间的功能更趋于多元化，在原本的信息传播媒介之外逐渐拓展出社会联动平台的功能，网络参与社会的深度在不断增加，网络影响生活的广度在不断扩大。它不仅仅改变了侵犯知识产权的行为方式，使得知识产权的传统侵权手段得以变化和更新；而且网络技术的迅猛发展也推动了网络空间从虚拟性逐步向现实性转变，这一空间可以利用一定的技术支撑成为承载知识产权的载体，形成网络化的知识产权，这种新型的网络化知识产权由于网络因素的加入使得其与传统的知识产权在复制、合理使用等诸多方面存在很大的差异。故而，网络知识产权侵权行为是一个新兴的，带有综合性的类概念，是信息网络与知识产权迅猛发展所带来的衍生品，是兼具网络侵权行为和侵犯知识产权行为特点的交叉侵权类型。所谓网络知识产权侵权行为是指网络内容提供者、网络服务提供者、网络消费者等网络主体对知识产权所有者依法享有的权利的侵害。

## 二、网络知识产权侵权行为的类型

### （一）工具性侵权和客体性侵权

综观当前网络知识产权侵权案件，可以根据不同的标准将网络知识产权侵权行为进行理论上的划分和归类。根据网络所发挥功效的不同，可以将网络知识产权侵权行为分为两类：工具性侵权和客体性侵权。所谓工具性侵权是指以网络为工具侵犯他人知识产权的行为，如未经许可将他人作品传上网络供网民免费下载或阅读的行为。所谓客体性侵权是指侵犯网络化的知识产权（即知识产权权利客体网络化、数据化）的行为，如侵犯网络域名专有权的行为，这种网络标志也同样具有显著性和标识性，并能为所有权者带来商业利益，因此对于这种网络化的标志也逐渐成为不少国家知识产权的权利客体，而纳入法律保护的范围。然而手段的网络化和客体的网络化并非孤立存在和发展的，二者存在交叉和融合的情形，因为网络化的客体形成于网络空间，其传播、复制等侵权手段的实施也发生于网络空间。

（二）传统客体的侵权和网络客体的侵权

传统的在知识产权相关立法中已经存在的客体在网络环境下依然受到保护，网络技术也催生新的客体类型。无论是传统的权利客体还是新的网络化客体，都会成为网络环境下被侵害的客体类型，但是传统的权利客体须转化为数字化的存在形式才有可能成为网络环境下被侵害的客体。须注意原传统客体被数字化后，改变的只是原客体的存在形式、外在表现以及固定方式，对原客体的独创性并未产生影响，因此这种数字化了的客体和传统客体之间并无实质性的差异，侵权者所侵害的仍是传统客体。网络化的客体是指直接在计算机网络上形成并在网络上传播的客体，与传统客体不同的是，网络化客体所赖以存在的物质载体不像传统介质那样容易被人感触，但是它的可复制性并未受到影响，反而会更明显、更快捷。① 因此根据侵权客体类型的不同，网络知识产权的侵权行为可以分为侵犯传统权利客体的行为和侵犯网络化权利客体的行为。前者如未经许可将他人传统作品数字化后上传到网络上供大家免费下载，再如在本人网页上以他人的传统商标作为"锚"② 建立链接，并足以使网络消费者混淆的行为。后者如未经许可擅自将他人的网络作品下载并予以发表的行为。

（三）网络用户侵权、网络内容服务提供者侵权和网络技术服务提供者侵权

根据侵害者类别的不同，网络知识产权的侵权行为可以大致分为网络技

---

① 参见丛立先：《网络版权问题研究》，武汉大学出版社 2007 年版，第 12~15 页。

② 锚就是在文档中设置标记，并给该位置一个名称，以便引用。通过创建锚点，可以使链接指向当前文档或不同文档中的指定位置。锚点常常被用来跳转到特定的主题或文档的顶部，使访问问者能够快速浏览到选定的位置，加快信息检索速度。参见刘远山、杨超男："论网络环境下知识产权侵权的认定和法律救济"，载《河北法学》2007 年第 5 期。

术服务提供商的侵权、网络内容服务提供商的侵权以及网络用户的侵权。目前对于网络服务商的界定并没有统一的说法。有的学者认为，网络服务商通常在两种意义上被使用，一种是泛指所有提供网络服务的经营者，其中包括网络内容的提供者、网络技术服务的提供者、上传信息的网络用户以及其他提供和参与网络服务的主体，包括个人和组织；另一种仅指那些专门为网络信息的传播提供技术支持和服务的主体。[1] 有的学者认为网络服务商包括两类主体，一类是组织、选择信息并借由网络将这些信息提供给公众的网络内容提供者，另一类是为网上信息传播提供设施、途径和技术支撑等各类中介服务的网络中介服务者。[2] 还有学者认为网络服务商既包括技术服务商，又包括内容服务商；既包括在局域网上提供服务的小服务商，也包括在互联网上提供服务的大型专业服务商，还包括向计算机网络拓展业务的软件业、通信业、广播电视及新闻出版业的大企业，如微软、MCI、AT&T 等。[3] 认真分析上述三种观点，笔者首先发现他们并未在同一意义上使用"网络"。从广泛意义上而言，互联网服务商 ISP（Internet Service Provider）是 OSP（On-line Service Provider）中最主要的一类。所谓 OSP 指所有在线业务的提供商，其中既包括互联网服务商，还包括局域网服务商，而 ISP 是基于互联网提供服务的，是 OSP 中最生机蓬勃的一支力量，因此也最引人注目，学界一般重点探究的是互联网服务。其次，无论是互联网服务还是局域网服务都是面向网络用户的，网络用户是网络服务商们提供服务的受众，尽管有时网络用户也会充当传播者，但是网络用户的传播行为无法离开网络服务商的技术支撑，而且网络用户与网络服务商在侵权责任的归责和承担上也存在着差异，因此有必要将网络服务商和网络用户区分开来。再者，互联网服务大致分为三类：第一类是网络接入服务的提供商（Internet Access Provider，IAP），指那些只向用户提供互联网连接服务的提供商；第二类是网络内容服务的提供商

---

[1]　丛立先：《网络版权问题研究》，武汉大学出版社 2007 年版，第 192 页。
[2]　蒋志培主编：《网络与电子商务法》，法律出版社 2002 年版，第 181 页。
[3]　袁泳："数字版权"，载《知识产权文丛（第 2 卷）》，中国政法大学出版社 1999 年版。

（Internet Content Provider，ICP），指那些通过互联网向用户提供信息服务的提供商；第三类是网络技术服务的提供商，即为网络信息传播提供技术支撑和服务的提供商，是介于 IAP 与 ICP 之间的服务商。[1] 对于上述三类网络服务商，由于他们各自处于网络结构中的不同层级，对内容的了解和管治的能力存在着较大的差距，因此不同的网络服务商对传播的侵权内容有不同的义务和责任。对于网络接入服务商而言，由于其处在互联网的传输层，因此其对侵权内容不承担责任；而对于网络内容服务提供商和网络技术服务提供商而言，他们处在互联网的应用层，因此其与接入服务者相比，更容易了解和管治侵权内容，因此他们对侵权内容承担的责任要重一些。[2] 就网络内容服务提供商和网络技术服务提供商而言，前者是侵权内容的制造者，因此要承担直接责任，而后者较前者对侵权内容的了解和管治能力则要差一些，因此后者只有在一定条件下才承担责任。最后，向计算机网络拓展自己业务的大企业也不能完全归入网络服务商，如果这些大企业并未成为网络服务中的供体，而仅仅是受体的话，也就是说只是将网络服务充当"中介"使自己的产品能更便捷地到达使用者，那么这样的企业就不能称为网络服务商。但是如果这些企业变身为网络服务的供体，那么其便可成为网络服务商，如微软，它既是网络内容提供者，同时它拥有 MSN 在线网络而成为网络技术服务的提供者。综上所述，知识产权的侵权者在网络环境下的身份和角色存在差异，责任的划分也存在着不同，因此可以据此将网络知识产权的侵权行为划分为网络技术服务提供商的侵权、网络内容服务提供商的侵权以及网络用户的侵权。

（四）上传式侵权、入侵式侵权、下载式侵权和复侵式侵权

根据网络侵权手段的不同，网络知识产权侵权行为可以大致分为上传式、入侵式、下载式和互侵式等，如图 1-1 所示。其中上传式和入侵式都是网络

---

[1] 马治国、任宝明："网络服务提供商（ISP）版权责任问题研究"，载《法律科学》2000 年第 4 期。

[2] 参见吴伟光：《网络环境下的知识产权法》，高等教育出版社 2011 年版，第 8~9 页。

主体对权利人的非网络化权利客体的侵害，网络在侵害中仅发挥了工具性的作用。所谓上传式侵权指网络主体擅自把权利人非网络化的知识产品传送到网络中供他人使用，使其权利遭受损害的一种侵权行为，如我国 2011 年的"百度文库侵权门"案①和美国 2004 年的"谷歌侵权门"案②。所谓入侵式侵权是指网络主体通过技术操作入侵到权利人的计算机中，使其储存于计算机中但尚未网络化的知识产品遭受损害的一种侵权行为，例如 2011 年索尼遭黑客攻击事件③和 2011 年 EMC 遭遇黑客攻击事件④。下载式和复侵式都是网络主体对权利人网络化权利客体的侵害，但是前种侵权是将网络化知识产品从网络空间转移至现实空间，而后种侵权中的网络知识产品始终处于网络空间。网络在这两种侵权类型中既充当了知识产品的载体，同时也是侵害的工具和手段。下载式侵权是指网络主体擅自下载权利人网络化的知识产品，并在现实空间内进行超出合理范围的使用，使权利人权利遭受损害的一种侵权

---

①　2011 年 3 月 15 日，贾平凹、韩寒等 50 位作家公开发布《中国作家声讨百度书》，指责百度文库偷走了他们的作品，偷走了他们的权利，偷走了他们的财物。两天后，中国音像协会唱片工作委员会也加入了此次声讨活动中，公开声援作家们的维权行动。在声讨的压力下，百度承诺 3 天内彻底删除百度文库内未获授权的作品，对伤害作家感情表示歉意，并随即推出版权合作平台。参见"网络著作权侵权三大事件回顾"，载 http：//www. ipr. gov. cn/alxdarticle/alxd/alxdbq/alxdbqgnal/201203/1286493_ 1. html。

②　美国谷歌公司（google）自 2004 年开始对图书进行大规模数字化，在没有获得授权的情况下，将全球尚存有著作权的近千万种图书收入其数字图书馆。2005 年，谷歌网上图书馆因涉嫌侵权被美国出版商和美国作家协会告上法庭，经过 3 年诉讼，双方达成和解协议，但仍因涉及中国等其他国家版权人的利益，遭到中国文著协及欧洲出版商联盟等其他国家相关组织的反对。2011 年美国纽约法院否决了谷歌的这份和解协议。参见"网络著作权侵权三大事件回顾"，载 http：//www. ipr. gov. cn/alxdarticle/alxd/alxdbq/alxdbqgnal/201203/1286493_ 1. html。

③　从 2011 年 4 月开始索尼共遭遇到大大小小的黑客攻击 10 余次，其中索尼影视、索尼日本音乐成为黑客攻击的重点目标。专家认为，索尼之所以遭遇网络攻击问题，这一方面是因为索尼的系统缺乏稳定的安全性，另一方面是因为新崛起的黑客群体更乐意出风头，炫耀他们入侵公司防御系统的能力，至于惩罚索尼倒还在其次。就此危机，索尼已经认识到其网络安全方案调整的重要性，以防范网络入侵对自己知识产权所造成的巨大危害。参见"2011 网络安全事件大盘点"，载 http：//netsecurity. 51cto. com/art/201112/310410. htm。

④　EMC 旗下安全部门 RSA 遭遇了一种被业内称之为高持续性威胁（advanced persistent threat）的复杂网络攻击，这是一种"极其复杂"的攻击，导致了不少秘密信息从 RSA 的 Secur ID 双因素认证（two-factorauthentication）产品中被提取出来。黑客选择安装的是"Poison Ivy RAT"，这是一个远程控制程序，用某个地方的计算机控制另一个地方的另一台计算机。通过远程访问目标计算机，黑客获得了 RSA 企业网络的进一步访问权，从而可以冒充 RSA 员工在 EMC 公司的计算机系统内部进行搜索，获取更多秘密信息。参见"2011 网络安全事件大盘点"，载 http：//netsecurity. 51cto. com/art/201112/310410. htm。

行为，如榕树下网站状告中国社会出版社的网络作品侵权案①。复侵式侵权是指网络主体未经许可通过链接等不正当方式获取他人网络化知识产品，并在网络空间内进行非法使用的侵权行为，如我国 2006 年"娱乐基地"网站告新浪等三大网站网络侵权纠纷案②和 2010 年搜狐网与土豆网之间的侵犯著作权纠纷案③，再如美国 1997 年的"全部新闻案"（The Total News Case），作为被告的全部新闻公司采用加框链接技术（Framing）④ 将自己的网站和其中的广告形成一个"框"，使得原告网站的部分内容显示于"框"内，而部

---

① 该案被称为是我国首例因下载出版网络原创作品引发的侵权纠纷，该案被告中国社会科学出版社在未经授权的情况下，下载并出版了《我的轻舞飞扬》《假装纯情》《男孩喜欢和什么样的女孩聊天》《聊天室套狼不完全手册》等网络文章，而这些作品的作者在此之前曾与该案原告"榕树下"网站签订著作权许可使用合同，"榕树下"拥有他们的作品在全国范围的出版权。"榕树下"认为中国社会科学出版社擅自出版这些作品，已构成侵权行为，要求出版社销毁这套侵权书籍，登报道歉，并赔偿 10001 元，其中 10000 元用于支付原作者稿酬，网站自己只象征性的索赔 1 元。参见"国内首例下载网络作品侵权案'榕树下'获胜"，载 http://news. eastday. com/epublish/gb/paper10/20001201/class001000020/hwz256042. htm，访问时间：2012 年 11 月 10 日。

② 新浪、雅虎中国、百度三大网站未经授权通过链接将"娱乐基地"（www. 5fad. com）拥有版权的网络歌曲《下辈子不做男人》提供给用户进行歌曲 MP3 的免费下载。由于百度、新浪等网站的歌曲 MP3 的非法搜索下载，导致娱乐基地网站的合法下载服务处于停滞，从而给娱乐基地造成了上千万的损失，因此娱乐基地所属的浙江泛亚电子商务有限公司分别将新浪、百度等三家网站告上法庭，索赔 1500 万元。参见王文波："国内最大网络歌曲著作权侵权案开审"，载 http://bj1zy. chinacourt. org/public/detail. php? id = 283，访问时间：2012 年 11 月 10 日。

③ 2009 年 11 月，北京搜狐新媒体信息技术有限公司（以下称搜狐网）购得电视剧《杜拉拉升职记》的独占信息网络传播权，并在其经营的网站播出。2010 年 4 月，搜狐发现上海全土豆网络科技有限公司（以下称土豆网）在其网站上提供《杜拉拉升职记》的在线播出。后搜狐网对此曾多次通过邮件、传真和快递方式向土豆网送达关于该电视剧的版权声明函，要求停止侵权，但土豆网未予理睬，依然在土豆网上播放，并借该剧捆绑播出广告获取利益。因此，2010 年 7 月搜狐网将土豆网告上了法庭，要求其停止侵权，并赔偿经济损失等共计 10 万元人民币。参见"搜狐网与土豆网之间的侵犯著作财产权纠纷案"，载 http://www. legaldaily. com. cn/legal_ case/content/2010 – 11/26/content_ 2368993. htm? node = 21129，访问时间：2012 年 11 月 10 日。

④ 加框技术（Framing）是超文本链接技术的进一步发展，网页设计者以"加框"的方式将网页分成若干不同的区间，每个区间可以同时呈现不同来源及不同内容的资料，这样网页设计者可以将他人网站上的内容显示在自己网页的某一个"框"内，而自己网站的其他内容则保持不变。网络用户并不知在框内看到的内容来自于另一个网站，此时的网址仍然是链接者的网址，而非被链接者的网址。除此之外，导致侵权的链接技术还有导出链接（从自己的网页导出至别人的网页，将访问自己网页的人不留痕迹地引导至别人的网页上去）、导入链接（设链者通过 IMG 技术将他人网页上的内容导入自己的网页上，所导入的内容与设链者的网页密切结合，使得浏览者分看不出被导入的内容是来自于他人的网页）、纵深链接（设链者绕开被链网站的主页，将网络用户引导至被链网站的某一分页）、镜像链接（设链网站将被链网站进行完整拷贝，这样网络用户在设链网站上便可以看到被链网站上的内容，而无须登陆被链网站）等，参见段维："网络时代版权法律保护问题研究"，2003 年华东政法大学博士学位论文，第 88 ~ 90 页。

分内容例如原告网站上的广告就会被被告设置的框所遮挡，从而损害了原告的收益权。

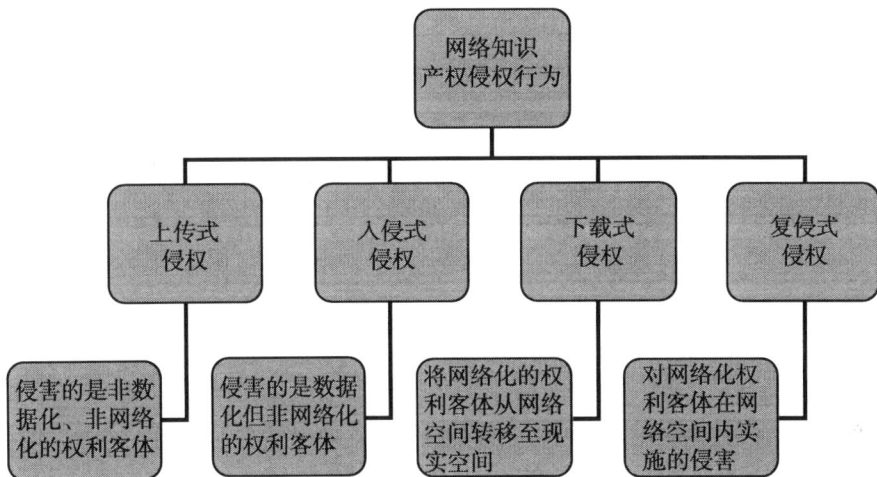

**图 1 - 1　网络知识产权侵权行为的分类**

（五）直接侵权和间接侵权

根据侵权主体在侵权过程中所起的作用不同，可以将网络知识产权侵权行为划分为直接侵权和间接侵权。所谓直接侵权是指侵权主体直接实施了侵害他人知识产权的行为，其侵权行为直接涉及和损害了受保护的知识产品。而间接侵权并未直接涉及受保护的知识产品，只是为直接侵权行为提供了便利条件，或者致使直接侵权行为的危害得以延续和扩大。例如，2000 年的搜狐链接案，该案中涉及的某些未经《唐吉诃德》中文译本著作权人同意而擅自登载该书中文译本的网站系直接侵权者，而搜狐网通过设置链接导出了侵权网站，而且在收到权利人侵权指控后拒不断开通向侵权网站的链接，导致权利人的损害不断扩大，因此搜狐的侵权构成了间接侵权。

# 第三节　网络知识产权诉讼中催生的新证据问题

当知识经济浪潮势不可当地席卷全球后，知识产权不仅仅是一项影响到个体利益和技术更新的民事权利，同时也成为一项关乎经济发展和法治进步的综合权利。网络技术在知识产权领域的广泛渗透和深刻影响使得知识产权成为一项关乎人类社会进步与发展的基本权利。因此对于网络环境下的知识产权不能仅给予民事保护、行政保护，同时还应为其提供必要的刑事保护；不能仅从实体角度为其提供保障，同时还应为其提供合理的司法保护。为了给网络环境下的知识产权提供有效的司法保护，就不得不针对网络环境下知识产权侵权行为的新特点、新变化作出合理的调整和改革。网络知识产权违法犯罪案件对司法系统提出的核心要求就是专业性和协调性，其中专业性主要体现在裁判和证明中知识鸿沟的弥合，在相关案件的诉讼中，无论是裁判者还是当事方对此类案件中的专门性事实审查评判难免会出现知识鸿沟，需要通过一定的方式来弥补这种知识鸿沟，从而保障相关案件裁判和证明的专业性。协调性主要体现在司法机关与知识产权行政执法部门之间、司法机关与利益相关主体之间能够保证信息的畅通和取证的配合。综上可见网络环境下知识产权司法保护的主要战场就在证据领域。

与传统知识产权侵权行为相比，网络知识产权侵权行为发生了很大的变异，而且正是由于这些异于传统知识产权侵权行为的变化，使得网络知识产权诉讼中出现了一些异于传统知识产权诉讼的证据问题，亟须我们深入研究和思考。

## 一、网络知识产权诉讼中证据调查的利益平衡问题

判断知识产权侵权责任大小的传统依据主要包括三个方面：一是根据侵权行为所侵犯的客体；二是根据侵权行为的性质，这主要通过侵权手段、侵权行为的后果等客观因素反映出来；三是根据侵权主体的情况及其主观因素。尽管以上这些因素在一定程度上仍然可以适用于网络知识产权的侵权，但是网络知识产权侵权责任判定的依据还包括一些传统知识产权侵权所不包含的内容，这些内容需要我们在判定网络知识产权侵权责任大小时格外予以重视。以侵权行为的后果为例，我国现有相关法律一般是以违法所得、非法经营或销售利润等因素来判断知识产权侵权后果的严重性。但是在网络空间内，侵权后果严重与否就不能仅仅根据违法所得、非法经营或销售利润等传统标准

来判断。因为网络环境下行为人侵犯知识产权的目的是多元化的,[①] 并不都以营利为目的, 所以其侵害行为所造成的非法所得或非法经营利润很少甚至没有, 但是其侵权后果的严重性却不会因缺失经济因素(非法所得、非法经营或销售利润)而降低, 反而会因为经济因素之外的其他危害而提高。因此裁判者在准确评判网络知识产权侵权责任时必须认真考量和合理权衡相关的经济因素和非经济因素, 在相关诉讼中进行证据调查时严格遵循利益平衡原则, 从而为权利人提供适当的保护。

**二、网络知识产权侵权证据的诱惑取证问题**

随着网络技术从单纯的信息传播媒介向社会联动平台的不断转变, 从人与技术间的联接向人与人间便捷联动的改变[②], 网络环境中的知识产权侵权行为衍生出群体化、集团化的特点, 如美国的"WAREZ"网络盗版案[③]。而且随着网络在知识产权侵权中参与的不断扩大, 影响的不断加深, 网络知识产权侵权的群体化、集团化会日益严重。对此如果仍保守采用传统的取证方式, 很可能停留在集团的末端而无法向上推进, 这样既耗费了大量司法资源, 同时对于网络知识产权侵权集团的打击也只能是"隔靴搔痒", 权利人的利益仍继续受到损害。因此有必要突破传统取证方式的限制, 利用诱惑取证方式穿越集团末端而纵深至集团的中高端, 从而深度瓦解侵权组织, 加上传统的从末端逐层击破方式, 才能更为有效地打击网络环境下知识产权的集团化侵权行为。

此外, 网络空间中的信息浩如烟海, 非法信息与合法信息混杂在一起, 而且网络知识产权侵权行为往往是在隐蔽多变的状态下实施, 如果按照传统的取证方式, 那么权利人的取证之路就会十分困难。这是因为在公开的取证

---

[①] 参见沈仁干:《数字技术与著作权: 观念、规范与实例》, 法律出版社 2004 年版, 第 111 页。

[②] 参见于志刚:"网络犯罪与中国刑法应对", 载《中国社会科学》2010 年第 3 期。

[③] "Warez"(团体的网络名称)是一个从事互联网软件盗版活动的非正式的团体, 专门提供破解的游戏、电影和软件等盗版产品, 这些盗版软件不用购买就能在任何计算机上运行。该团体的结构呈"金字塔"状, 自上而下分为五个层次, 每层各司其职, 紧密联接, 主要包括:"塔尖"是侵权盗版集团的幕后首领; 第二层是技术和管理人员, 负责破解、测试、打包盗版软件; 第三层是"高级信使", 负责将包装后的盗版软件发布到各内部 FTP 站点; 第四层是信使, 负责将盗版软件发送到各公共互联网站点; 第五层就是全球的盗版用户。

环境下，权利人既无力筛选和过滤海量的信息，同时也很难攻破侵权者的隐蔽防线，获取于己有利的证据。但如果允许诱惑取证，权利人将会很大程度上扭转这种不利局面，做到有的放矢，获取有效证据，从而更好地维护自己的合法权益。但是必须引起注意的是，诱惑取证在网络知识产权诉讼中的使用毕竟是机遇与风险并存的，因此有必要进行深入的探讨和细致的分析，才能对网络知识产权侵权行为施以合法而有效的打击。

### 三、网络知识产权诉讼中相关主体间的取证合作问题

在网络知识产权侵权行为进入诉讼的过程中，牵涉广泛的主体。其中侵权行为的实施过程中，牵涉权利人、网络内容服务提供商、网络技术服务提供商；侵权行为的执法过程中牵涉不同行政执法机关；侵权行为的诉讼过程中牵涉承担不同职能的司法机关。上述每一个主体手中都会掌握一定数量的相关证据和线索，权利人手中掌握着重要的权属证据；网络内容提供提供商和网络技术服务提供商作为"中间人"会通过服务器记录下侵权数据信息的传入和传出过程，从而掌握了较为全面的侵权证据；行政执法机关往往处在打击侵权的第一线上，它是最早介入侵权中的公权力机关，因此其手中也掌握着不少有力的侵权证据和证据线索。与前述各类主体相比，司法机关作为权利保护的最后一道屏障，受角色消极被动的局限，其在打击网络知识产权侵权行为的过程中会出现取证滞后的问题。因此在网络知识产权诉讼中，司法机关需要与各方在取证方面进行通力合作和紧密配合，以便将各类主体手中的证据和线索串联起来，形成充分的证据链条，从而形成打击网络知识产权侵权行为的强大合力。

### 四、网络知识产权诉讼证明中"知识鸿沟"的弥合问题

与传统知识产权侵权行为相比，在网络知识产权侵权过程中会出现很多新的具有综合性的证据，这些证据集一般知识产权侵权和网络侵权的特点于一身，因此在网络知识产权诉讼中对证据的审查和评判，更为强调专业知识和技术能力的重要性，裁判者除了需要熟悉传统案件中审查证据的知识和技术外，还需要了解网络环境下证据生成和运用的相关知识和技术。但是在网络知识产权诉讼中，具有法律知识和受过法律训练的裁判者往往缺少审查和

评判证据所需的科学知识和专门技能，出现了知识或技术的鸿沟。如果在诉讼中没有其他人员或机制加以弥补和配合，那么裁判者就很难对技术型证据作出有效审查和准确评判。而且在网络知识产权诉讼中，当事人在取证、质证中也会遇到这样那样的法律障碍和技术困难，如果在诉讼中缺少专门人员或制度的支持，当事人也难以有效地维护自己的合法权益。综前所述，在网络知识产权诉讼中会出现知识鸿沟的弥合问题，亟须理论界和实务界展开深入的探讨和认真的思考。

# 第二章 网络知识产权诉讼中证据调查的利益平衡

利益平衡构成了知识产权法的基石，纵观各国的知识产权法以及知识产权保护的国际条约，其宗旨皆是在知识的创新与共享、私权与公益之间寻求平衡。对不同主体之间的利益及其冲突进行平衡与分析，不仅是有关知识产权的国内法和国际法中合理配置相关利益主体权利义务的立足点，而且也是知识产权的司法过程中遇到法律规则空白、法律规则滞后或法律规则模糊时应遵循的法律适用原则，[①] 同时也与司法裁判的基本原则之一——利益衡量相契合，由于证据是司法裁判的基础，因此在知识产权诉讼的证据调查过程中，也同样须遵循利益平衡的原则，并理应成为司法机关作出证据裁判的一个重要依据。在网络环境下的知识产权诉讼中，证据调查亦应遵循利益平衡原则，并在证据裁判时以利益平衡为基准，然而由于网络环境下涌现出新的利益主体，如网络内容服务提供商、网络技术服务提供商等，而且网络环境下知识产权的特点也发生了异于传统知识产权的变化，因此在网络知识产权诉讼的证据调查过程中，利益平衡原则的运用和贯彻将会更加迫切和复杂，需要我们深入的探究和思考。

## 第一节 在网络知识产权证据调查中遵循利益平衡的重要意义

### 一、应对网络知识产权新变化的迫切之举

无论是国内的知识产权法律制度，还是国际的知识产权保护公约，其

---

① 参见任寰："论知识产权法的利益平衡原则"，载《知识产权》2005 年第 3 期。

立法目的都是实现知识创新与共享的平衡，即一方面通过赋予智力成果的创造者专有权利，以激励和调动人们创造的积极性，从而鼓励知识和技术的创新；另一方面是通过对专有权利施加一定限制，以促进知识和技术的传播和共享，从而推动科学技术的发展。[①] 然而知识产权法律制度的利益平衡点并非固定不变的，它会随着科学技术前进的步伐而作出动态调整。当网络技术渗透知识产权领域后，知识产权的专有性出现了强与弱分化的新特征，一方面知识产权的权利客体出现了网络化的新类型，这些新增加的权利客体易复制、易传播，因此也极易受到侵害，故而需要加强保护；另一方面网络技术实现了人与信息之间更为快捷的联动，这就为广泛的主体获取权利客体内容提供了前所未有的便利条件，权利人在网络环境下对权利客体的有效控制能力也因此大大削弱，其专有性出现了弱化的趋势。如果不考虑网络环境下知识产权特征的新变化，一味强调对权利人专有权利的保护，则必然使得知识产权在网络环境下难以生存，更不必谈发展，同时也会阻碍网络技术的健康快速发展。为了更为有效地应对网络环境下知识产权专有性的强弱两极分化，司法机关有必要在网络知识产权诉讼中严格遵循利益平衡的原则，在对网络知识产权的保护与限制之间寻求有效的平衡点，在诉讼的证据调查过程中切实贯彻利益衡量原则，在证据的筛选和过滤中进行价值权衡，在证明责任方面进行公平分配，在证明标准方面根据利益权衡原则进行高低划分等。如若不然将会导致网络空间中处处布有知识产权"雷区"、时时有掉进知识产权"陷阱"的风险。

**二、促进新型主体健康发展的重要保障**

由于网络技术在知识产权领域的广泛介入，使得知识产权法律关系中产生了新的利益主体，主要包括网络连接服务商（IAP）、网络内容服务提供商

---

① 参见黄玉烨："知识产权利益衡量论——兼论后 TRIPS 时代知识产权国际保护的新发展"，载《法商研究》2004 年第 5 期。

（ICP）和网络技术服务提供商（IAP 与 ICP 之间的服务商）①。其中对于 IAP，各国基本上达成一致观点，即赋予其"公共通道"或"公共领域"的地位，因此在司法机关证据调查的利益衡量过程中无须考察 IAP 的利益，而应着重考察网络内容服务提供商和网络技术服务提供商的利益。

对于网络技术服务提供商而言，应保持其应具有的消极、中介角色，一旦偏离这一角色定位就需要承担相应的侵权责任。司法机关应慎重地分配其承担的举证责任，并合理地划定其信息监控的范围，过于严苛或过于宽松，都会不利于相关行业的健康发展，同时也会因此打破网络环境下权利人保护和社会公共利益维护之间的平衡。因此在网络知识产权诉讼的证据调查过程中，司法机关应针对网络环境下网络技术服务提供商和权利人之间的新型利益关系进行审慎的权衡分析。既要考虑到网络技术服务提供商在促进知识创新与共享中的重要作用，同时也应斟酌其与网络用户之间的直接联系，使得其具有权利人所不具有的信息优势，从而能够比权利人更早地了解网络用户的侵权信息，并能更全面地掌握网络用户的侵权证据。

对于网络内容服务提供商而言，其提供的内容信息根据该信息是否存储在网站所在服务器上而分为实在信息和虚拟信息两大类，其中前者是存储在该网站服务器上的信息，后者是不储存在该网站服务器上的信息，而是通过链接技术从其他服务器上获取的信息。② 如果网络内容服务提供商提供的是实在信息，那么其是否侵权就比较清晰，司法机关大可依据其存储在网站服务器上的信息内容依法作出明确的裁判，而利益衡量的适用空间则相对较小。但如果网络内容提供商提供的是虚拟信息，由于其提供的信息是运用链接技

---

① 对于 ISP 的理解有两种观点，一种观点将 ISP（Internet Service Provider）界定为以互联网为基础提供服务的一类宽泛主体，大致包括只向用户提供接入服务的 IAP（Internet Access Provider）、通过网络向用户提供各种信息服务的 ICP（Internet Content Provider）以及在 IAP 与 ICP 之间的服务商。参见马治国、任宝明："网络服务提供商（ISP）版权责任问题研究"，载《法律科学》2000 年第 4 期。另一种观点将 ISP 视为与 ICP 并列的一个概念，在此基础上 ISP 又大致分为三类：互联网连接服务商（IASP）、定点网络服务转售商（指在特定地点如学校、图书馆等，向公众提供互联网服务的提供者）、非定点网络服务商（指从 IASP 处获得网络连接，然后转售给公众的网络服务者。）。而 ICP 是指在互联网上以 WWW 方式提供内容信息的任何人。参见李朝应："因特网提供商在版权法中的责任研究"，载《科技与法律》1999 年第 1 期。本书采第一种观点。

② 马治国、任宝明："网络服务提供商（ISP）版权责任问题研究"，载《法律科学》2000 年第 4 期。

术从其他服务器获取的，而在本网站的服务器上并未存储，因此在使用链接技术提供信息的过程中是否存在侵权就会出现不小的法律模糊地带，需要司法机关在证据调查过程中进行利益衡量。既要考虑到这种链接技术具有不受地域限制、便于公众获取和交流信息的优势，同时也要考察不同链接技术使用中隐藏的侵权危险；既要考察链接技术在推进知识传播与信息共享方面的优势，同时还应考虑到侵权的设链者比权利人更熟悉侵权手段，并掌握了一些权利人很难获取的证据。因此司法机关应在证据调查过程中根据利益平衡的原则适当地适用举证妨碍规则，从而减轻权利人在举证上的负担。

### 三、知识产权利益平衡原则与司法证明的利益衡量方法的共性要求

司法证明并非单纯的认识活动，而是一个受到主客观因素制约的、复杂的权衡与判断过程，是一个事实、价值与规范的辩证统一体。而且由证明主体、证明对象、证明责任以及证明标准和程序等要素构成的司法证明体系也因蕴含其中的价值冲突和利益矛盾而成为一个纷繁复杂的系统。因此在司法证明的过程中，裁判者必须遵循利益衡量方法，在重建案件事实的基础上平衡公正与效率之间的价值冲突，协调私权与公益之间的利益矛盾，在利益调查和分析的过程中实现规范的具体化、妥当化；而且也只有遵循利益衡量之法，才能使得司法证明成为一个各要素之间相互依存、相互制衡的协调有效的系统。而知识产权保护中的利益平衡原则也旨在追求权利人私权与社会公共利益之间的平衡与协调，相关的法律制度通过对权利人专有权利的保护和限制来实现知识产权法律关系中不同利益主体之间的利益平衡以及公平与效率的价值平衡。可以说在知识产权案件的司法证明活动中，利益平衡是采用利益衡量方法所要实现的目标，而贯彻利益平衡原则离不开利益衡量方法，利益衡量方法是在司法证明中实现利益平衡原则的重要手段。[①] 综上可见，在网络知识产权诉讼的证据调查过程中理应遵循利益平衡原则。

### 四、合理限制权利人滥用救济权利的重要保障

由于网络为知识产权的侵权创造了前所未有的便利条件，因此很多国家

---

① 参见费安玲主编：《防止知识产权滥用法律机制研究》，中国政法大学出版社 2009 年版，第 211 页。

都采取措施加强对权利人的保护，然而这种加强保护的背后却有可能引发权利滥用的风险。在快速发展的科技企业中知识产权不仅仅是保护自己的屏障，同时日益演变成为企业保护自己并驱赶、压制竞争对手的攻击武器与防御壁垒。这些企业通过构筑一道道专利高墙，令竞争对手在攀越层层高墙时延误宝贵时间、耗费高额成本，或者将竞争对手驱赶至错误、低效的方向上，因此过度关注权利人的保护很有可能将知识产权变成阻碍创新和发展的绊脚石，成为某些科技巨头对科技创新和知识更新挥起的大棒。

美国《千年数字版权法》赋予权利人控诉权和调查权并要求互联网服务提供商对其用户的行为负责，这其中蕴藏的滥用风险十分明显，而且在美国的司法实践中也确实发生了。2003 年 8 月美国的 RIAA 就根据《千年数字版权法》向 261 名下载者发出了传票，这一"传票大战"显示出在美国权利人及其代理人可以向点对点文件分享的芸芸众生发动漫无目标的控诉。正如 2003 年 9 月 Verizon 公司首席律师威廉·巴尔（William Barr）在国会中对于 RIAA 控告下载者一案的证词所言，《千年数字版权法》创设了"一份范围宽广与滥用成灾的传票程序，赋予任何版权持有人或其代理人以惊人的权利，这是国会连警方与国家安全人员都没有赋予的权利"。"可能会将我们的联邦法院变成一个随意散发传票的工厂，扰乱尚未判决的案件和民事纠纷，会破坏互联网通讯的隐秘性，威胁隐私、程序正义以及公共安全。"① 而且权利企业与行业协会承担了追捕盗版的主要工作，实施与法律相关的调查工作，他们通过各种方式获取盗版信息来源。例如，美国商业软件联盟（BSA）每月会从企业现任员工和离职员工那里获得数十起密报，尤其在企业大量裁员时获得的会更多；还有就是美国的唱片业中出现了越来越多的"赏金猎人"专门搜寻互联网中的下载者。以普朗克被诉一案为例，RIAA 控告的 IP 地址与普朗克并不相同，这说明控告者并没有做好调查取证工作，在缺乏事实和证据的基础上就随意地提出控告，而且其控告的仅仅是一个地址，就像交通案件中控告一部汽车，而非控告驾驶员。此外，当版权持有人发现有人在网络上侵犯自己的版权，他可以随时向网络服务提供商发出侵权通知，并命令其

① ［美］约翰·冈茨、杰克·罗切斯特：《数字时代盗版无罪？》，法律出版社 2008 年版，第89 页。

立即停止相关服务，甚至版权持有人还可以通过网络服务提供商找到侵害人并向其发出法院传票。网络服务提供商如果对侵权通知无异议的就可以将涉嫌侵权的内容移除或不让人接触该内容，而他这么做无须事先通知与涉嫌侵权内容相关的企业或个人。可是这种违反无罪推定原则的程序，即在被证明无辜前就是有罪的程序很有可能会被滥用，在这种不正当的程序下，与涉嫌违法内容有关的企业与个人很容易遭受尚未确权的权利持有人与 ISP 的联合袭击。例如 2001 年华纳兄弟公司向 UUNet 公司发出侵权通知，要求其制止一名通过 UUNet 的网络服务分享"哈利·波特"系列电影的用户，但是 UUNet 在调查后却发现华纳兄弟公司发出侵权通知所依据的"犯罪证据"仅仅是一个孩子的读书报告。引人深思的是这些权利人及其代理人在行使救济权利的过程中究竟还有多少潜藏的类似的缺乏事实和证据基础的错误，无从知晓，即便以现有的真实错误也足以说明这些"民间猎捕者"全面而又缺乏监督的救济权利存在着很大的滥用危险。这种权利人救济权利滥用的危险势必会破坏一国知识产权法努力构建的利益平衡状态，而要改变这种利益失衡的状态只能依赖利益平衡原则。这是因为对这种滥用危险的防止和滥用行为的规制恰恰是利益平衡原则的内在要求和题中之意，而且只有有效防止知识产权的滥用危险和规制滥用行为才有可能实现利益平衡的目标。①

## 第二节　网络知识产权证据调查中利益平衡的不同立场

当前网络知识产权已经成为各国知识产权保护的重点内容，但关于网络知识产权保护的合理边界的争论在各个国家却从未停息过，其中争论的核心议题就是网络知识产权的保护应采取什么立场，即采取自由主义还是保护主义？② 或者说网络知识产权的保护究竟是应当以保护权利人专有权为首务，

---

① 参见费安玲主编：《防止知识产权滥用法律机制研究》，中国政法大学出版社 2009 年版，第 215 页

② 参见萧雄淋：《新著作权法逐条释义（一）》，台湾五南图书出版公司 1996 年版，第 1 条释义说明。

还是应当以促进知识的传播与共享为目的？而这一立场的争论和选择也决定了网络知识产权证据调查过程中应坚持何种利益平衡的立场。

### 一、美国——重权利人利益的保护

纵观美国知识产权最近三十多年立法的发展历程，我们不难发现美国的知识产权保护总体呈现出保护主义的趋势，即偏重保护权利人利益，网络知识产权的保护水平和程度也因之出现大幅提高和调整。然而一张编织愈加严密的"法网"不仅令真正的违法犯罪者难以逃脱，同时也为很多无辜者设下了陷阱。[①] 在我国，专利法、商标法、著作权法在权利保护和救济方面的规定基本相同，尤其是在赔偿计算的方法上具有较高的一致性。但是在美国却不同，其专利权利的保护和救济与其他种类的知识产权制度存在较大的差异。例如，美国版权和商标侵权赔偿中的法定赔偿就不适用于专利法，而且在美国的司法审判中，法院在引用先例时通常不会跨越不同种类的知识产权案件，即专利侵权的判例一般只会对以后的专利案件产生拘束力，版权和商标侵权案件不会引用专利侵权的判例。因此尽管在美国知识产权的整体趋势是偏重权利人利益的维护，但是在不同种类的知识产权中表现会有所差异，本书拟以美国专利侵权和版权侵权为例，阐释美国在近几年网络知识产权诉讼的证据调查中体现出的保护立场。

（一）网络环境下版权诉讼证据调查的立场

在网络环境中，从美国以《数字千年版权法》为代表的相关制定法和判例的发展来看，美国网络版权保护似乎与开国元勋所确立的创新与共享平衡的目标渐行渐远，相关案件证据调查中的利益倾斜也日益凸显。主要表现在以下几个方面。

1. 以权利人的损失作为判定侵权行为性质的重要证据

以版权犯罪（包括网络版权犯罪）为例，美国是以复制、销售侵权作品

---

① 参见［美］约翰·冈茨、杰克·罗切斯特：《数字时代，盗版无罪？》，法律出版社 2008 年版，第 103 页。

的数量为基础并结合零售价值作为判断重罪与轻罪的界限①，而非以侵权人违法所得为准。这是因为与侵权人违法所得相比，侵权作品的复制和销售数量结合具体零售价格更能准确、全面地体现和衡量出侵权行为对权利人所造成的损害。可见，美国的版权制度是站在权利人利益的立场，美国相关案件证据裁判中的利益衡量也站在了权利人的立场上，以权利人的利益为重心，相关案件的取证、举证、质证和认证都是以权利人的利益为重，着重调查权利人的损失。

2. 营利性动机不再是犯罪证据调查的内容

根据美国 1790 年的第一部版权法，侵权人仅承担民事责任，尚未有刑事制裁的规定②。这是顾虑到刑事制裁相较于民事处罚的严厉性，因此长久以来美国版权刑事保护的步伐都比较缓慢，刑事保护的措施和态度都比较审慎。直到 1971 年美国的《录音制品法》才完成了为所有版权作品提供刑事保护的任务③，同时也为美国版权的刑事保护设定了一个必要限制，即行为者应具有故意及营利性的动机，也就是说如果行为人不具有营利性动机，则其行为不构成犯罪，权利人也就不能获得刑事保护。然而这一对版权人提供刑事保护的限制受到了网络技术的巨大冲击，遭到了很多批判和质疑，以 1994 年美国诉 LaMacchia 案④为转折激发了美国相关立法对商业目的条款的修改。在

---

① 按照美国《1992 年刑事版权修正案》的规定，美国的版权犯罪（包括网络版权犯罪）分为重罪和轻罪两类，其中对于重罪除了须满足故意并为了商业利益或个人的经济利益的要件外，还须满足数量和零售价值上的标准，即在 180 天内非法复制、销售 1 个或 1 个以上版权作品的复制品或录像带 10 个以上，且零售价值超过 2500 美元。See United States Code Congressional and Administrative News 102nd, Congress-Second Session, West Publishing Co. Press, 1992, Volume 6, p. 4233.

② See Act of May 31, 1790, ch. 15, 1 Stat. 124.

③ Pub. L. No. 92 – 140, 85 Stat. 391 (1971).

④ 该案被告 David LaMacchia 是马萨诸塞州技术学院的一个学生，他在互联网上建了一个自己的电子布告板，取名为 Cynosure，通过 Cynosure 他鼓励网络用户上传各种计算机实用程序，而该布告板的访问者又均可从此免费下载各种软件，这样他的行为就为网络用户提供了一个进行侵权复制以获取他人数字版权作品的场所。1994 年美国联邦大陪审团对他提起刑事指控，但根据当时的版权法，刑事制裁必须限于具有商业动机的侵犯行为，而 LaMacchia 在设立网上电子布告板的操作过程中并无商业营利目的，网络用户的下载均是免费的，因此版权法的刑事条款不能适用此案。控方试图适用其他法律依据，如《国家被盗财产法》（National Stolen Act）与《联邦电线欺诈法》（Federal Wire Fraud Statute），但都未得到法院的认可。最终由于缺乏对该侵权行为进行刑事制裁的法律依据，LaMacchia 被无罪释放。See United States v. LaMacchia, 871 F. Supp. 535, 536 (D. Mass. 1994).

该案中尽管权利人因被告 LaMacchia 的侵权行为遭受了 100 万美元的损失，但由于被告未满足当时美国版权法中商业动机的犯罪要件，因此其罪名不成立，无罪释放，权利人的刑事保护也因此成为泡影。LaMacchia 案恰恰反映出网络环境下的版权犯罪与传统版权犯罪之间的差异，以及网络版权侵权与传统版权法之间的矛盾和冲突。对此，美国掀起了一轮针对数字技术的立法改革浪潮，从而走上了强化网络知识产权刑事保护的道路。1997 年 12 月 16 日美国通过《禁止电子盗窃法》，规定不再以营利性动机作为版权犯罪的主观构成要件，从而取消了传统版权法中对版权刑事保护设定的商业目的限制，这样一来，那些主观上故意，但不具有商业利益目的的严重侵权行为也可以纳入刑事制裁的范围，不少个人用户踏入刑事制裁"雷区"的风险就会大大提高，对权利人刑事保护的范围也大大扩张，权利人的利益得到了前所未有的高度保护。

3. 不重视侵权行为对社会经济秩序破坏程度差异方面的证据调查

在美国，就版权的刑事立法而言，未对不同侵权行为，包括只销售而不复制的行为、复制又销售的行为和复制行为作出区分。这是因为美国的相关理论界和实务界普遍认为，即便是只销售而不复制、不生产的行为，其对权利人的损害与复制又生产的行为是同样的，前述行为的危害性之间并不存在差异，因此即便是只销售而未制造侵害版权危害源的侵权者，也同样要施以严重的刑罚。[①] 显而易见，美国版权的刑事立法是以对权利人的损害作为评定行为危害性的标准，因此相关案件诉讼过程中不太重视对侵权行为造成社会经济秩序破坏程度差异方面的证据进行调查，证据调查中也就难以实现相关利益的平衡，合理有效的证据裁判也无从谈起。然而即便以权利人的损害作为判断行为危害性的标准，不同的侵权行为对于权利人所造成的损害客观上也存在着不小的差异，如果不重视对行为危害性差异的证据进行调查，反而不利于为权利人提供真正合理的保护。

4. 权利人及权利人代表具有较为广泛的取证权

美国的《数字千年版权法》赋予网络环境下的权利人及权利人代表以全

---

① 廖中洪："中美知识产权刑事保护的比较研究"，载《法律科学》1997 年第 3 期。

面而又无监督的控诉权,这一权利被 verizon 公司的首席律师威廉·巴尔(William Barr)描述为"一个范围宽广与滥用成灾的传票程序,赋予任何版权持有人或其代理人以惊人的权利,这是国会连警方与国家安全人员都没有赋予的权利"①。为了保证这一控诉权的有效行使,美国的权利企业与相关的行业协会成为本国具有强大力量的打击盗版的"民间追捕者",拥有较大的调查权,一旦他们掌握了一定线索,就会派出律师与调查员进行有关的初步调查,以确认是否存在盗版情形以及是否有重大影响。如果经初步调查确认存在盗版情形的话,则要根据案件的性质和影响进一步作出决定:是自己准备民事诉讼,还是将案件移送执法机构提起刑事诉讼。显而易见,美国的《数字千年版权法》为权利人的取证确立了强大的权利基础,权利人及其代表无疑担当起美国在数字海洋里打击侵权者的主力军。

5. 赋予权利人影响量刑的独立证明权利

依据美国《1995 年刑事版权修正案》的规定,权利人有权在量刑调查中就侵权行为给自己造成的伤害、损失的范围和程度向缓刑官员作出充分的陈述,而且还有权对罪犯的刑事处罚和赔偿责任发表意见,缓刑官员在提出量刑意见前应认真听取权利人的陈述和意见。② 加之美国的量刑程序采用独立模式,在这种独立的量刑模式下被害人被赋予独立的诉讼权利,具有独立的诉讼地位,可以平等地参与到量刑决策中,审判方须在听取被害人陈述和意见的基础上才能作出最终的量刑结论,而且也只有在被害人积极参与量刑证据调查的过程中,审判方才更有可能对犯罪的社会危害性作出准确的评判,从而作出公正合理的量刑结论。③

(二)网络环境下专利诉讼证据调查的立场

在美国 20 世纪 70 年代以前,最高法院对于对专利权的立场和态度在亲专利和反专利之间来回摇摆,受到本国经济周期性演进和经济主流理论的改

---

① 〔美〕约翰·冈茨、杰克·罗切斯特:《数字时代盗版无罪?》,法律出版社 2008 年版,第 89 页。

② Patent, Trademark and Copyright Journal, Vol. 50, No. 1240, p. 368.

③ 参见何家弘主编:《谁的审判谁的权——刑事庭审制度改革的实证研究》,法律出版社 2011 年版,第 289 页。

变而分阶段地发生变化。自 20 世纪 70 年代末，美国最高法院逐渐转向亲专利的立场，尤其是自 1982 年美国联邦巡回上诉法院成立以来，重专利权人利益维护的立场不断得到强化，主要表现在以下几个方面。

1. 强化禁令救济，减轻权利人证明负担

在美国传统的司法体系中，禁令是衡平救济①的一种重要形式，是"命令或禁止某种行为的法庭命令"②。但是随着美国普通法与衡平法的逐渐融合，传统的普通法救济和衡平法救济的区分已经与司法实践不相符合，③ 衡平救济可以适用于美国整个司法体系，但仍须遵循衡平法原则。

禁令救济是在司法实践中发展而来的一种救济方式，因此在美国的专利立法中并非自始有之。纵观美国专利立法历史，我们会发现在《1819 年专利法》修改前都未规定专利侵权的禁令救济，直到该法修改后联邦法院才拥有了受理衡平诉讼、发出禁令的衡平救济权力。到 1897 年美国各州的普通法院才终于获得授权可以在专利侵权案件中发出禁令。尽管相关的制定法中规定了禁令救济的方式，但是国会要求法院发出禁令时必须依据衡平法原则。事实上美国联邦巡回上诉法院自成立以来就一直强调专利权的排他属性，忽略了"依据衡平法原则"的限定，从而逐渐在司法实践中将永久性禁令救济"一般规则"化。在易趣案④中，联邦巡回上诉法院就清晰表明了其重权利人

---

① 美国建国后承袭了英国的司法制度，形成了普通法院与衡平法院相互独立、并行不悖的司法救济体系。衡平救济是普通法救济的补充程序，而非替代程序。当事人只有在普通法程序中不能得到充分救济时才能启动衡平程序，这一适用衡平程序的限制条件被称为"不充分"标准。1938 年美国《联邦民事诉讼规则》将普通法与衡平法在联邦法院体系中合并，20 世纪上半叶以来，各州普通法院和衡平法院走向合并，但普通法救济和衡平法救济在理念上的不同延续下来，不充分性标准仍然限制着各种衡平救济，包括禁令救济。参见和育东：《美国专利侵权救济》，法律出版社 2009 年版，第 68、71 页。

② Black's Law Dictionary, 8ᵗʰed. West Publishing Co., 2004, 800.

③ See Douglas Laycock, The Death of the Irreparable Injury Rule, 103 Harv. L. Rev. 687 (1990).

④ 该案原告摩柯交易公司（Merc Exchange）为第 5845265 号商业方法专利的权利人，该专利的技术方案涉及一种电子交易市场，通过中央管理系统保障参与交易人员的信用来促进市场交易的发展。被告易趣拥有知名的电子商务网站，在该网站销售者可以进行网上拍卖或按固定价格销售商品。本案中的原告是靠许可他人实施的方式实施专利并获取经济收益，自己并不实施其专利。原告曾与被告就专利实施许可进行商谈，但最终谈判失败，于是本案原告就在 2003 年将被告告上法庭，诉其侵权。在联邦地区法院初审中，陪审团认定易趣侵权成立，并判决其赔偿原告的损害。原告又请求地区法院发出永久禁令，但是遭到拒绝。原告遂上诉至联邦巡回上诉法院，上诉法院撤销地区法院的判决。易趣上诉至最高法院，最高法院判决发回地区法院重审，其理由是无论联邦巡回上诉法院还是地区法院，都未能正确地适用衡平法原则。Ebay v. Mercexchange, 126 S. Ct. 1837 (2006).

利益维护的立场，撤销了地区法院拒绝发出永久禁令的判决，其判决的理由就是，只要具备了不充分标准"四要件"检验的第一要件，即一旦认定侵权成立，就判定满足了不充分标准，应当向原告发出永久禁令，相反只有在例外情形下才会为了公共利益而拒绝发出永久禁令。这样一来，权利人要想获得永久禁令救济，只需证明要件一，即有合法的权利请求，而无须证明其他要件，包括未来侵害的逼近以及损害赔偿的不充分；禁令给被告造成的困难没有不成比例地大于给原告的收益；符合公共利益，① 这就大大降低了权利人获得永久性禁令的证明责任，同时也就大幅度降低了权利人获取永久性禁令的门槛，被告人的合法权益被侵害的风险也就随之增加。

2. 降低权利人所失利润的证明标准

自美国《1790 年专利法》颁布以来，侵权的赔偿方式经历了从最初的所失利润，到 1819 年引入非法获利的衡平法救济方式，到 1922 年引入合理许可费，再到 1946 年取消非法获利的发展历程。目前美国专利侵权的赔偿方式就只包括两种方式：所失利润与合理许可费。选择何种赔偿计算方式由专利权人决定，并须提出相关证据予以证明。如果权利人选择所失利润的赔偿方式，权利人须提出证据证明自己所失利润与被告侵权之间存在着事实因果关系。但如何判断这二者之间因果关系，1964 年最高法院在阿罗Ⅱ案② 为此确立了一个"若非标准"，即假设被告没有侵权，权利人会有多少获利。1978 年第六巡回法院在潘蒂特案③ 的判决中具体化了最高法院的"若非"标准，

---

① 要件一——"原告有合法的权利请求"，只要在专利侵权诉讼中，当被告过去的行为确实认定为侵权，说明专利是有效的，就满足了该要件。要件二——未来侵害是逼近的且损害赔偿是不充分的，其中所谓未来侵害的逼近是指未来侵害的请求是成熟的，而非悬置的，简单而言就是未来侵害的威胁是真实的而非假想的。"成熟"是指禁令所要避免的侵害具有发生的合理可能性。"悬置"就是禁令所避免的侵害虽然发生过但不会再发生，如果法院认为一种过去的侵害不会再发生时，就不可以发出禁令。就损害赔偿不充分而言，是与未来侵害的赔偿相比的，如果被告的损害赔偿能够对未来侵权给予充分救济的话，法院就不适宜发出禁令。要件三——"被告遵守禁令所承受的困难并非不成比例地大于原告由于禁令获得收益"，是指在禁令救济中所做的"成本—收益"分析，也就是说禁令带给被告的成本与带给原告的收益相比，如果前者远远大于后者的话，禁令救济就会因为造成巨大的社会成本而被法院拒绝。See James M. Fischer, Understanding Remedies, New York：Matthew Bender, 1999, p. 276.

② Aro Mfg. Co. v. Convertible Top Replacement Co. , 377 U. S. 476（1964）.

③ Panduit Corp. v. Stahlin Bros. Fibre Works, Inc. , 575 F. 2d 1152, 1156, 197 U. S. P. Q. 726, 729 - 30（6ᵗʰ Cir. 1978）.

提出了四要件的判断标准，加之 1983 年联邦巡回上诉法院在中央大豆公司案①的判决中加以引用，此后潘蒂特四要件标准②就成了专利侵权案件赔偿问题上被援引最多的判例。后来 1999 年联邦巡回上诉法院在谷物处理公司案中又试图以市场重构法修正潘蒂特四要件。联邦巡回上诉法院成立之前，权利人证明因果关系时遵循的是严格证明标准，即权利人需要提出证据反驳无侵权发生时的其他所有可能性，但是在联邦巡回上诉法院成立后，这种严格的证明标准逐渐被降低为优势证据的证明标准，权利人无须提出证据反驳其他所有的可能性，只要其提出的证据在证明被告侵权与权利人所失利润之间因果关系达到了"合理或然性"的优势证据标准就算完成了证明责任。在网络环境下，侵权行为具有了前所未有的隐蔽性，网络侵权的便利性也使得侵权主体更为广泛，因此较于非网络化的环境下，原告提举证据反驳被告无侵权原告就会获利之外所有可能性存在着更大的困难，因此在网络环境下优势证据的证明标准只低不升。而且在关于赔偿数额计算的准确性问题上，专利侵权诉讼（包括网络侵权诉讼）遵循一切怀疑不利于侵权人的准则。综上所述，从所失利润的证明问题上，美国与专利相关的判例法存在明显偏重权利人利益维护的倾向。

3. 扩张因果关系链条看似增加权利人证明负担，实则强化了权利人保护

1995 年联邦巡回上诉法院在瑞特—海特案中首次引入了侵权法的法律因果关系——近因原则，采用"可预见性"标准判断专利侵权赔偿的范围，从而大大突破了美国传统专利侵权赔偿的"若非"事实因果关系。这样一来权利人就要在证明侵权行为与所失利润之间的事实因果关系之外，还要证明侵权行为与所失利润之间的法律因果关系。但是在法律因果关系的证明问题上，原告无须从侵权人的主观认识去证明其是否可预见，而是从假设的"理性人"角度出发去证明具有"客观上"的可预见性。所以说看似增加了权利人的证明负担，实质上只需摆出侵权产品与原告的非专利产品构成市场竞争的

---

① Central Soya Co. v. George A. Hormel & Co., 723F. 2d 1573, 220 U. S. P. Q. （BNA）490 （Fed. Cir. 1983）.

② 要件一是对专利产品的市场需求；要件二是不存在可接受的非侵权替代品；要件三是专利权人具有满足需求的制造能力和市场销售能力；要件四是专利权人本该获得的利润数额。

事实就可以完成证明侵权行为导致原告非专利产品销售利润流失的证明任务。同时在该案判决中联邦巡回上诉法院指出，最高法院提出的"若非"检验是扩张性的，而非限制性，因此对于侵权损害赔偿的范围可以遵循侵权法的一般原则，将损害赔偿扩至侵权竞争者可以合理预见到的所有损害的赔偿，最终本案把在专利实施的情况下未被专利覆盖的竞争产品的所失利润计入了赔偿范围。而在金器械公司案中，联邦巡回上诉法院又将赔偿范围扩展至专利未实施的情况下其他的非专利竞争产品所失利润。① 可见侵权法近因原则的引入看似加重了权利人的证明负担，实质上却大打折扣，权利人可以因这一原则的引入使得自己获得赔偿的范围大幅扩张，权利人利益得到了更大程度的维护。

4. 强化恣意侵权规则，降低权利人的证明负担

根据美国专利法第 284 条的规定，法院可以在初步赔偿数额确定后将最终赔偿数额提高到三倍以内（简称三倍赔偿规则②），具体的赔偿数额由法院决定。联邦巡回上诉法院在具体实施三倍赔偿规则时提出了恣意侵权规则，即法院只有在当侵权人的侵权行为构成恣意侵权时，才可以提高赔偿数额。而且联邦巡回上诉法院一再强调三倍赔偿是惩罚性赔偿，并在瑞德案③中指出，三倍赔偿与补偿性赔偿不同，前者关注侵权人的行为，而后者关注的是权利人的所失利润，只有在侵权人存在恣意侵权的情况下，法院才可以在补偿性赔偿之外提高赔偿数额，目的就是为了遏制和惩罚恣意侵权。在恣意的认定中，联邦巡回上诉法院的判例将本应由权利人就是否构成恣意承担的举证责任部分转移给侵权人，例如在接到专利权人的侵权通知后，侵权人要承担起确定自己是否正在侵权的举证责任，还要证明自己主观上不知道这种侵权风险，或无理由应该知道的举证责任，这就大大降低了权利人适用恣意侵权规则的证明负担。④

---

① 参见和育东：《美国专利侵权救济》，法律出版社 2009 年版，第 151~174 页。

② 美国的三倍赔偿规则经历过从至少三倍到最多三倍的发展过程，《1793 年专利法》关于三倍赔偿的规定，必须将初步赔偿数额乘以至少三倍作为最终赔偿数额。直到《1836 年专利法》不仅将提高的倍数改为"三倍以内"，同时将赔偿数额的确定权交由法院裁量。

③ Read Corp. v. Portec, Inc., 970 F. 2d 816, 23 U. S. P. Q. 2d 1426（Fed. Cir. 1992）.

④ 参见和育东：《美国专利侵权救济》，法律出版社 2009 年版，第 195~202 页。

### 二、中国——重公共利益的维护

与美国相比，我国深受大陆法系体系化思维的影响，不仅学界习惯将专利制度与其他种类的知识产权归在一起研究，而且在立法中，专利法、商标法和著作权法的对权利救济的规定也具有很高的相似度，在司法中，也不存在专门的专利法院，一般由普通法院承办所有知识产权的案件。即便 2014 年8 月 31 日全国人大常委会决定在北京、上海和广州设立知识产权法院，也是统一管辖本辖区内第一审的所有知识产权民事和行政案件。因此本书延续这一传统将不同种类的知识产权放在一起进行研究，以求取得一些关于知识产权在网络环境下保护立场的概括性结论。

与美国相比，我国知识产权保护中利益平衡的天平出现了向另一端的倾斜，即更重视维护社会公共利益，更偏重维护我国社会经济秩序，当然我国也并未完全忽视权利人利益的维护，故而有学者将我国在知识产权保护方面的立场称为"相对自由主义"。当网络技术迅速渗透于知识产权领域后，著作权方面的法规和司法解释作出了突出的回应和调整，在以这些著作权方面的法规和司法解释为代表的知识产权立法和司法解释中继续沿用了前述的立场，并针对网络环境作出了局部调整，而这种继承与调整也直接影响了相关案件证据裁判中利益衡量机制的改变。主要表现在以下几个方面。

（一）经济秩序的破坏和权利人的损失并列成为判定侵权行为性质的重要证据

我国传统的知识产权制度对侵权行为性质的衡量采用的是"违法所得"的标准，即是以侵权者的违法所得、非法经营或销售数额等因素来衡量和判断侵权行为是否严重。① 然而"违法所得"标准昭示出我国的知识产权制度更多的是站在维护社会经济秩序的立场去考察，在知识产权诉讼中证据裁判的利益衡量也更多的是从侵权行为的社会经济秩序危害角度去考察。这是因为违法所得的数额越大，恰恰反映出侵权者及其侵权行为的危害性越大，其对社会经济秩序的破坏程度也就越大，对侵权者的判罚当然应该越重，反之

---

① 参见阴建峰、张勇："挑战与应对：网络知识产权犯罪对传统刑法的影响"，载《法学杂志》2009 年第 7 期。

也就越轻。然而不可否认,仅仅依据"违法所得"的标准并不能全面准确地反映出权利人利益所遭受的损害程度。为此,2004年最高人民检察院、最高人民法院通过了《关于办理侵犯知识产权刑事案件具体应用法律若干问题的解释》(以下简称《2004年知识产权刑事解释》),确立了"违法所得"和"复制品数量"的综合标准。① 可见,我国在知识产权保护的立场上作出了一次可喜的平衡调整,不仅使得我国仅关注公共利益维护的知识产权刑事保护传统发生了较大的转变,同时也使得相关案件证据裁判中的利益衡量可以适当考察权利人的个体利益。在2011年公安部、最高人民检察院、最高人民法院联合通过的《关于办理侵犯知识产权刑事案件适用法律若干问题的意见》(以下简称《2011年知识产权刑事意见》)就针对网络环境下的侵权行为作出了一定的回应,即为借网络传播侵权作品的行为提供了一项崭新的定罪处罚标准——点击数量,即达到"传播他人作品的实际被点击数达到五万次以上的"。②

(二)营利目的一直是犯罪证据调查的重要内容

依据我国刑法的规定,故意而且以营利为目的是侵犯著作权犯罪的主观构成要件,根据《2011年知识产权刑事意见》的第13条规定,通过信息网

---

① 该司法解释第5条规定:"以营利为目的,实施刑法第二百一十七条所列侵犯著作权行为之一,违法所得数额在三万元以上的,属于'违法所得数额较大';具有下列情形之一的,属于'有其他严重情节',应当以侵犯著作权罪判处三年以下有期徒刑或者拘役,并处或者单处罚金:(一)非法经营数额在五万元以上的;(二)未经著作权人许可,复制发行其文字作品、音乐、电影、电视、录像作品、计算机软件及其他作品,复制品数量合计在一千张(份)以上的;(三)其他严重情节的情形。以营利为目的,实施刑法第二百一十七条所列侵犯著作权行为之一,违法所得数额在十五万元以上的,属于'违法所得数额巨大';具有下列情形之一的,属于'有其他特别严重情节',应当以侵犯著作权罪判处三年以上七年以下有期徒刑,并处罚金:(一)非法经营数额在二十五万元以上的;(二)未经著作权人许可,复制发行其文字作品、音乐、电影、电视、录像作品、计算机软件及其他作品,复制品数量合计在五千张(份)以上的;(三)其他特别严重情节的情形。"

② 根据《关于办理侵犯知识产权刑事案件适用法律若干问题的意见》的规定,"十三、关于通过信息网络传播侵权作品行为的定罪处罚标准问题:以营利为目的,未经著作权人许可,通过信息网络向公众传播他人文字作品、音乐、电影、电视、美术、摄影、录像作品、录音录像制品、计算机软件及其他作品,具有下列情形之一的,属于刑法第二百一十七条规定的'其他严重情节':(一)非法经营数额在五万元以上的;(二)传播他人作品的数量合计在五百件(部)以上的;(三)传播他人作品的实际被点击数达到五万次以上的;(四)以会员制方式传播他人作品,注册会员达到一千人以上的;(五)数额或者数量虽未达到第(一)项至第(四)项规定标准,但分别达到其中两项以上标准一半以上的;(六)其他严重情节的情形。实施前款规定的行为,数额或者数量达到前款第(一)项至第(五)项规定标准五倍以上的,属于刑法第二百一十七条规定的'其他特别严重情节'"。

络传播侵权作品行为的定罪处罚仍以"营利目的"作为前提，可见该要件在网络环境下也未发生实质改变。因此营利目的成为我国知识产权刑事案件犯罪证据调查的重要内容之一，即便进入数字时代，对于那些未满足营利目的要件的严重网络侵权行为，无论客观上是否已具备进行刑法评价的社会危害性，也不得对其施加刑事处罚，也不能纳入相关案件犯罪证据调查的范围。虽然在网络环境中"营利目的"要件可以在一定程度上为权利人利益的盲目扩张设置限制，并为人们的"合理使用"保留一定空间和余地，但是数字技术的迅猛发展对这种专有权利的传统限制和公共领域的传统保留都会造成较大的冲击。这是因为在网络环境中侵权者实施侵权的目的并非单一为了经济利益，其侵权的目的渐趋多元化、复杂化。① 例如，提供侵权软件的行为、免费下载侵权铃声的行为。但是这些侵权行为的危害性并不会因缺少营利目的而降低，甚至某些网络侵权行为会因为经济因素之外的其他社会危害后果而提高。因此在网络环境下知识产权保护制度需要重新为专有权利设定合理限制，为"合理使用"框定正当范围，从而更有效地应对网络知识产权保护中利益平衡的需要，而这种调整无疑也会直接影响到网络知识产权侵权案件中证据裁判的利益衡量机制的调整和改革。

（三）偏重侵权行为在社会经济秩序破坏程度差异方面的证据调查

在我国，就著作权方面的刑事立法和司法解释而言，刑事处罚依据侵权行为对社会经济秩序破坏程度不同而有轻重区分，具体而言就是区分复制行为、复制加销售的行为以及只销售无复制、生产的行为，并对其分别设定轻重有别的刑罚。这是因为上述三种行为对于社会经济秩序的破坏程度是不同的，其中复制、生产行为与销售行为相比，前者对社会经济秩序的破坏更严重，系侵害著作权犯罪的危害源头。这一区别对待的实体规定决定了在相关刑事案件的诉讼中审判方亦会着眼于社会经济秩序，而对不同侵权行为危害性方面的证据进行审慎调查。

（四）权利人的取证权比较薄弱

就著作权的保护而言，我国的相关立法和司法解释并未赋予权利人如美

---

① 参见沈仁干：《数字技术与著作权：观念、规范与实例》，法律出版社 2004 年版，第 111 页。

国般宽泛且具有失衡危险的控诉权和调查权，同时也鲜有像美国那样可以用来支撑前述权利有效实施的强大的权利企业以及各类行业协会。在我国，权利受害人自救的权利基础薄弱，其更加依赖于公权力机构，寄望于公权力机构既能够为自己在掌握预防、减少和追究犯罪的知识、技术和方法方面提供救济和帮助，同时承担起收集和获取相关有效证据的主要任务，这与前述美国权利人自救手段的强化恰恰相反。

（五）受害的权利人不具有独立参与量刑的证明权利

我国的量刑程序长期以来一直采用的是混合模式①，在这种将定罪与量刑一体化的在庭审程序中，排斥了法庭对量刑问题进行独立审判的可能性，同时也就否定了法庭对量刑事实和量刑证据单独审查和运用的可能性。为此我国最高人民法院近几年开始着力推行"量刑规范化"的司法改革，其中重要的一项任务就是量刑程序的改革，2010 年 10 月 1 日最高人民法院、最高人民检察院、公安部、国家安全部、司法部联合签发的《关于规范量刑程序若干问题的意见》（以下简称为《量刑程序意见》）就规定"人民法院审理刑事案件，应当保障量刑活动的相对独立性"，最终将"相对独立量刑程序"②作为我国量刑程序的基本框架。然而无论是混合式还是相对独立式，都未能给被害人提供一个表达犯罪影响和陈述量刑意见的有效途径。这是因为在前

---

① 所谓混合模式是指刑事庭审过程中不区分定罪程序与量刑程序，定罪问题与量刑问题一并予以解决。具体到我国刑事庭审程序经历的三个阶段而言，首先在法庭调查阶段，关于罪责和刑罚的证据及事实都一并提出。其次在法庭辩论阶段，既要对是否有罪发表意见，也要对处以何种刑罚陈述观点。最后在法庭评议和裁决阶段，同时要对定罪和量刑两个问题进行讨论并作出最后裁决。尽管定罪与量刑的评议是在同一次评议整体中进行，但是在时间上还是有着先后顺序的，即在对被告人是否有罪评议之后，紧接着就对被告人的刑罚问题进行评议。在表决时也是先对定罪问题进行表决，然后再对刑罚问题进行表决。参见何家弘主编：《谁的审判谁的权——刑事庭审制度改革的实证研究》，法律出版社 2011 年版，第 281 页。

② "相对独立的量刑程序"包含两层含义：首先要保证量刑程序具有独立性，与定罪程序实现分离；其次量刑程序独立性具有相对性，其与定罪程序并非完全分离，而是交错进行。具体而言，在检察官宣读起诉书和量刑建议书后，将法庭调查和法庭辩论分别划分出两个相对独立的环节，即定罪环节和量刑环节。法庭调查阶段被先后分为定罪调查环节和量刑调查环节，前者只调查被告人是否构成犯罪的问题，后者则专门调查被告人的量刑事实；法庭辩论阶段也被先后划分为定罪辩论和量刑辩论两个环节，前者围绕着定罪问题听取各方意见，后者针对本案量刑问题给予各方提出意见的机会。在前述法庭调查和法庭辩论先后结束之后，法庭进入被告人最后陈述和评议宣判阶段，对被告人的定罪和量刑问题一并作出裁判。参见陈瑞华："量刑程序的独立性———一种以量刑控制为中心的程序理论"，载《中国法学》2009 年第 1 期。

述两种量刑模式下，公诉机关作为控诉一方都占有着主导地位，然而被害人是犯罪行为的实际受害者，他对于犯罪行为给自己造成的损害和影响比任何人更具有知情的优势和在庭上充分陈述的强烈愿望，而且被害人很难与强调公正、客观立场的公诉机关保持完全一致。因为我们无法要求被害人能够站在侵权犯罪者的立场上去考察其在犯罪前有多么良好的履历和品行表现，以及犯罪后如何积极主动地减少和挽回损害等，权利被害人的主要诉求是寻求刑罚的正义以及充分赔偿自己遭受的损害。①

综上，中美在网络知识产权诉讼的证据调查中保护立场有所不同，其区别详见表 2-1。

表 2-1 中美在网络知识产权诉讼的证据调查中保护立场的比较

|   | 美国 | 中国 |
|---|---|---|
| 1 | 以权利人的损害为判定侵权行为性的重要证据 | 经济秩序的破坏和权利人的损害并列成为判定侵权行为性质的重要证据 |
| 2 | 营利性动机不再是犯罪证据调查的内容 | 营利目的一直是犯罪证据调查的内容 |
| 3 | 不重视侵权行为在社会经济秩序破坏程度差异方面的证据调查 | 偏重侵权行为在社会经济秩序破坏程度差异方面的证据调查 |
| 4 | 权利人及权利人代表具有较为广泛的取证权 | 权利人的取证权比较薄弱 |
| 5 | 赋予权利人影响量刑的独立证明权利 | 权利人不具有独立参与量刑的证明权利 |

## 第三节　网络知识产权证据调查中利益平衡的新调整

### 一、美国逐渐达成调整立场的共识

知识产权自产生以来，就在相关利益主体之间引发了紧张的局面，并使得知识产权立法的每一次修订酷似一座来回摇荡的钟摆，而且随着科学技术的不断进步，这种利益冲突和竞争形成了越来越紧张的情势，钟摆摇荡的越

① 陈瑞华：“量刑程序的独立性——一种以量刑控制为中心的程序理论”，载《中国法学》2009 年第 1 期。

来越快，俨然已经变化成为竞技赛场上飞快转动的乒乓球。但是现在钟摆更偏向于智力成果的拥有者，而其中大量智力成果的拥有者并非创造者。当网络技术快速兴起并迅猛发展的情形下，知识产权制度这一钟摆究竟应该何去何从，就需要重新进行利益分析和考察，从而建构起新的利益平衡机制。

以美国的专利法为例，进入新世纪之后，无论是美国的立法界还是司法界都发生了微妙的变化，逐渐意识到有关专利的制定法和判例法已然破坏了专利法始终追求的利益平衡，因此无论是制定法还是判例法都在新世纪之交开始进行调整和改革。例如，2006 年易趣案中最高法院批判了联邦巡回上诉法院将永久禁令一般规则化的做法，指出法院须根据衡平法原则发出禁令，从而加强了适用永久禁令的限制，将过度偏向专利权人的天平向侵权人方向校正了一些。还有在 1997 年的谷物处理公司案①中，联邦巡回上诉法院在潘蒂特四要件之外加上了"三追问"规则，即针对如果未发生侵权时，侵权人会作何选择而提出三个问题②。而这三个问题的依次回答就能够判定专利技术对相关产品利润的贡献比例是否能够明确下来，如果能够明确就据此来确定赔偿数额，反之就不能获得利润损失的赔偿，从而缩短了联邦巡回上诉法院之前判例中不断扩张因果关系链条，将倾斜于专利权人的"钟摆"向侵权人的方向调整了一些。再如在 2007 年席盖特案中，联邦巡回上诉法院对之前的恣意侵权规则做了修改，在一定程度上降低了侵权人的证明负担，调整了权利人利益过度保护的状态。此外，在新世纪之交"专利丛林"③ 的问题逐

---

① Grain Processing Corp. v. American Maize-Products Co. , 893 F. Supp. 1386（N. D. Ind. 1995），108 F. 2d 1392（Fed. Cir. 1997），979 F. Supp. 1233（N. D. Ind. 1997），185 F. 3d 1341（Fed. Cir. 1999）.

② 问题一是如果未发生侵权，侵权产品的消费者原本应该如何做；问题二是如果未发生侵权，专利权人原本应该如何做；问题三是如果未发生侵权，侵权人原本该如何做。

③ "专利丛林"是指相互交织在一起的知识产权组成了稠密的网络，一个公司必须披荆斩棘才能通过网络实现新技术的商业化。这一问题是专利数量急剧增长、质量却降低的一个必然结果，对于这一问题在 2003 年联邦贸易委员会公布的一份名为《促进创新：竞争与专利法及专利政策的适当平衡》的报告备受重视，该报告对解决此问题所提出的一系列政策建议成为美国近年来专利法改革以及司法实践转变的重要基础。See Carl Shapiro, Navigating the Patent Thicket: Cross Licenses, Patent Pools, and Standard-setting, Innovation Policy and the Economy 119, 120（Adam Jaffe eds. , 2001）. And See Federal Trade Commission of USA, To Promote Innovation: The Proper Balance of Competition and Patent Law and Policy,（October 2003），载 http: //www. ftc. gov/os/2003/10/innovationrpt. pdf, 访问时间：2012 年 8 月 2 日。

渐凸显出来，在数字技术领域表现得最为严重，专利丛林导致的核心问题就是专利的商业化不足，而商业化不足又引发了更为深层的问题，即资源的严重浪费和社会生产效率的大幅降低。为此专利法有必要采取措施减少和消除专利丛林中不必要的壁垒，在专利侵权的救济方面施加科学合理的限制，为原被告双方之间设置公平的证明负担，从而在权利人利益与社会公共利益之间寻求和确定新的平衡点。

以美国的版权法为例，数字网络的发展使得原有的利益平衡被打破了，数字网络媒体使得版权的专有性减弱，加剧了作品的公共物品特征；使得通过"看门人"① 模式来防止和减少大范围违法的效果减弱；媒体一体化打破了版权制度中权利与义务之间的关系和平衡；面对娱乐业不断延长版权期限、加强对"合理使用"范围的限制，社会大众以数字世界的"月黑风高"作为利益失衡的回应。在这种数字浪潮造成的利益失衡状态下，无论是权利人、网络服务商还是广大的网络用户都强烈地要求对《千年数字版权法》进行修改，从而使得版权保护能够获得新的利益平衡。尽管在版权法修订的过程中，不同的利益主体更多的是从自己的立场出发提出批评和意见，但是各方仍能达成一致共识，即在目前信息激增、自由泛滥的数字浪潮中，亟须以一种新思维、新途径、新机制去保护知识产权。遵循和坚持平衡各类主体正当利益的新思维，建构和运用能在各方主体间形成和睦共生和依存状态的新途径，确立和完善在平衡各方利益的基础上所能达成的新机制，从而可以使各方主体在知识产权制度实施的过程中各得其所、相得益彰，即权利人利益可以获得适当保护，网络服务商可以实现健康成长和稳定发展，广大网络用户也可以获取正当限度的信息自由。正如美国联合广场风险投资公司（Union Square Venture）的合伙人弗莱德·威尔逊（Fred Wilson）所言，如果要修改《千年数

① 为了避免数字技术所带来的针对大众的执法困境，在直接执法之外所建构起的一种辅助的执法方式，这种模式作为直接执法的补充，政府有责任直接加载到相关产品或服务的提供环节上，即将违法行为提前阻断，就像通过处方药制度，使得医生成为阻止患者滥用药物的责任者，即"看门人"。美国的版权制度就采用的这种模式，即通过要求有限的信息传播的中间媒介机构来承担侵权责任的方式，使得这些中间媒介机构成为版权保护的"看门人"，这些中间媒介机构有出版商、音像制品生产商、电影公司和广播电视台等。See Tim Wu. When Code Isn't Law. Virginia Law Review, June 2003 (89), pp. 132-134. 后来美国又发展起一种依靠技术保护措施来实施版权保护的方式，有学者将前一种保护方式称为"传统的看门人"，而将后一种方式称为"技术看门人"。See Zittrain, Jonathan. A History of Online Gatekeeping. Harvard Journal of Law & Technology, 2006 (19), p. 255.

字版权法》，就应该在相关利益主体间展开充分有效的辩论和协商的基础上进行，而非继续由内容产业的游说者重编一套过度倾斜的法案塞入国会大厅。①

### 二、我国逐步进行利益平衡的调整

我国1996年刑法确立了以"违法所得数额"的标准来划分罪与非罪，罪重与罪轻的界限，至《2004年知识产权刑事解释》则又增立了"直接经济损失"和"侵权品数量"标准，到《2011年知识产权刑事意见》则针对网络侵权犯罪案件作出部分调整，即以作品被点击的次数、注册会员人数、传播他人作品数量等标准来区分重罪与轻罪。可见我国在加强权利人保护方面已经作出了不懈的努力，我国知识产权刑事保护的立法重心也在逐步发生转变和调整，相关业界人士也逐步达成了较为一致的认识，即不应该以维护社会经济秩序和社会公共利益来否定和忽视权利人保护的重要意义。

### 三、权利人利益和公共利益逐步实现平衡

各国都逐渐认识到过度保护任何一方利益，都会使知识产权领域的利益天平产生倾斜的危险。过度刑事保护的立法在一定程度上夸大了侵权风险，反而低估了科学技术的不断进步对增强侵权控制能力的巨大作用，以牺牲公众合理使用的利益为代价，并非知识产权刑事保护的明智之举。过度关注社会经济秩序的维护，很难充分有效地保护权利人的利益，在一定程度上抑制了权利人知识创新的刺激和动力，并因此阻碍了本国科技的进步和经济的发展。而且互联网的飞速发展，使得创意、创意表现形式和媒体技术的运用方式等都发生着巨大的变革，那些甘于现状而停滞不前，并试图压制知识进步和科技未来的人们，他们所遭遇的反击和经受的风险将远远高于顺应这场变革的人们。因此，当权利人面对挑战时，是采取短视的解决方案、沿用过去的思维模式、遵循僵化的法律、促成失衡的立法，还是跟上科技前进的步伐和社会变革的趋势，为自己赢得更丰富的经济收益和更长远的发展前景。不言而喻，选择后者更为明智，因此未来知识产权司法保护将会出现自由主义与保护主义相融合的发展趋势，以利益平衡为基本原则，逐步实现知识产权制度促进科技进步和经济发展的最终目标。

---

① 《美国〈数字千年版权法〉的未来》，载 http://www.ipr.gov.cn/guojiiprarticle/guojiipr/guobiehj/gbhjnews/201111/1265928_1.html，访问时间：2012年5月11日。

# 第三章 网络知识产权诉讼中司法机关与相关利益主体的取证合作

当知识经济的浪潮势不可挡地席卷世界时，知识产权必将成为一项不仅影响到个体利益和技术更新的民事权利，同时也会成为关乎社会经济发展和法治进步的综合权利。为了充分有效地保护这一重要的民事权利，很多国家不仅为其提供民事保护途径，同时还为其增加了刑事保护的方式。然而随着各国网络技术的飞速发展，网络空间的功能更趋于多元化，在原本的信息传播媒介之外逐渐拓展出社会联动平台的功能，网络影响社会的深度和广度都在不断增加。因此网络环境下的知识产权侵权行为与传统的知识产权侵权行为相比，必然会产生一些新的变化和新的特点，对司法机关的取证工作也提出了新的挑战。面对这一新的挑战，司法机关不可能再采取以往孤军奋战的方法，而是应该及时调整策略、转变观念，通过与相关利益主体之间的紧密合作和联合作战，发挥出抗击侵权的最大合力，才能有效应对在联动快捷的网络空间中所发生的知识产权侵权行为。

为了有效应对侵权行为高智能化对一国知识产权侵权救济机制所提出的挑战，我们不仅要创新和改革司法机关取证的技术和手段，同时还应加强司法机关与相关利益主体之间的信息沟通和证据衔接工作。建构和发展司法机关与相关利益主体之间有效的信息沟通和证据衔接机制，既有利于提高司法机关工作人员取证的技能水平，同时也有助于司法机关工作人员转变传统保守的工作理念和各自为战的工作方式，并避免和减少徇私枉法的风险。

# 第一节　司法机关与相关利益主体取证合作的必要性

## 一、有助于应对网络知识产权侵权行为所提出的证据挑战

### （一）犯罪黑数扩大亟须取证方法进行有效革新

犯罪黑数又称犯罪隐数或犯罪暗数，是指一个国家或地区一定时期（通常为一年）内，社会上已经发生，但尚未被司法机关获知或没有纳入官方统计的刑事犯罪案件的数量。之所以会造成犯罪黑数大，很大程度上是由于信息不畅所造成的。首先，在20世纪末知识产权才纳入刑事保护范围，因此对于更晚产生的网络知识产权犯罪而言，社会公众对它的危害性和破坏性颇为陌生。公众的思维和视野更多地停留在网络所具有的获取传播信息的快捷与便利上，而对于网络知识产权犯罪的危害性认识却非常模糊，因此对于此类犯罪的态度就比较宽容，当然就缺少向侦查部门检举、揭发并提供有用材料和线索的积极主动性。其次，在网络空间内，非法信息与合法信息混杂在一起，而且浩如烟海，网络知识产权犯罪行为的实施也处于一种隐蔽多变的状态，因此受害人获知自己权利被侵害的可能性就很小，也就很难及时向侦查机关报案。最后，对于新兴的网络知识产权犯罪而言，传统的侦查力量对其危害性的认识还存在模糊和不足，同时由于缺乏专业力量和专门资源，对其危害性的评判也会存在很大的缺漏。以上原因促使司法机关不得不对自己传统的调查方法作出调整和革新，扩大证据来源、畅通信息渠道，通过与相关利益主体的密切合作，使犯罪黑数不断扩大之势得到有力控制，知识产权在网络环境下得到保护的目标获得强有力的信息支持和证据保障。

### （二）有助于扭转侵权案件数量和涉案金额剧增的局面

以我国为例，从2011年9月1日开始到年底我国公安系统在全国范围内开展"亮剑"行动，其中重点打击的目标之一就是侵犯知识产权犯罪，尤以利用网络实施侵权犯罪为重。就在此项行动中，我国公安系统使用了很多科学化的取证方法并取得了显著效果。据统计此项行动最终共破获了5442起案

件，其中网上侵权的案件共计 183 起，涉案金额达到 45 亿元，而网上侵权的涉案金额就达到了 5 亿元，无论是案件数量还是涉案金额都远远超出上一年同一时期。①

由于网络知识产权侵权行为同传统的侵权行为一样也可以给侵权者带来巨大的经济利益，同时网络侵权比传统侵权更为便捷，侵权者通过键盘、鼠标就可以完成侵权信息的提供、传播和接受等侵权行为。网路空间以其所具有的便利条件和快捷方式使得网络侵权案件在知识产权侵权案件中的数量和比例迅速攀升，其涉案金额也在知识产权侵权案件总涉案金额中不断增长。所以为了有效地打击网络知识产权侵权行为，改变网络侵权案件数量和涉案金额激增的局面，司法机关亟须与相关利益主体建立科学合理的合作机制，为应对网络知识产权侵权行为搭建起完整有效的"攻击系统"和快速有力的"反应机制"，令隐蔽、迅捷的网络侵权无所遁形。

（三）有助于侵权组织的分化和击破

随着网络技术从单纯的信息传播媒介向社会联动平台的转变，从人与技术间的联接向人与人间便捷联动的改变②，网络环境中的知识产权侵权行为衍生出群体化、集团化的特点，这就对司法机关的取证工作提出巨大挑战。例如美国的"WAREZ"网络盗版案，WAREZ 是该网络盗版犯罪组织的名称，这一组织有着较为严密的层级划分，共有五个层级，每一层级都有着不同的职责分工，同时每一层级之间也有独特的联接方式。③ 再如美国 2002 年破获的约翰·桑卡斯二世（John Sankus Jr.）案，桑卡斯是一个名为"Drink or Die"的软件盗版集团的重要领导人之一，这个犯罪集团专门通过互联网销售盗版的高端软件和实用程序。该集团具有较大的规模和严密的组织，从澳洲到瑞典等许多国家都有据点，他们在很多权利企业中拥有内线人员，由专人负责与内线人员联系，并从内线人员手中取得软件；然后再由专门的破解人员负责将事先嵌入的软件保护装置予以拆除，最后由专门的网上销售人员

---

① 记者陈俊杰、王娴、刁莹、汪群均、张孝成："六部委联合出招应对新型知识产权犯罪"，载 http://www.sina.com.cn，访问时间：2012 年 8 月 13 日。

② 参见于志刚："网络犯罪与中国刑法应对"，载《中国社会科学》2010 年第 3 期。

③ 王志广：《中国知识产权刑事保护研究》，中国人民公安大学出版社 2007 年版，第 419 页。

将这些经过破解的软件或程序在许多网站通过特殊的秘密渠道销售出去。①如果仅突破了这些犯罪组织的底层或某一个环节，掌握底层人员或某一个环节的侵权证据，并不一定能顺藤摸瓜击破其他层级或其他环节，其中产生的证据难题不言而喻。对于网络知识产权侵权群体化、集团化的新特点，我国司法机关必须调整传统的工作策略和方法，通过与相关利益主体展开密切合作，才有可能寻找到恰当的突破口和切入点，有效地分化有关的侵权组织，并将击破这一组织的有用证据充分地收集起来。我国司法机关在面对知识产权领域以往发生的群体侵权、集团侵权时往往自恃公权力在手，强硬有余、灵活不足，从而在司法机关与相关利益主体之间建立起无形的"壁垒"，信息传递受阻、证据衔接不畅；而且司法机关调查的视野长期停留在现实空间，偏重从侵权组织的末端或最后一个环节寻找突破口，然后自下而上地将该组织予以击破。但是在面对网络空间内所发生的群体化、集团化侵权行为时，如果仍采取上述传统的工作策略和方法，就很难取得强大的信息渠道和充分的证据支持，分化和击破日新月异的侵权组织也势必成为空谈。因此更为适宜的方案就是与相关利益主体之间建立和完善有效的信息交流和取证合作机制，将视野拓展至网络空间，将网络与现实两个空间的取证行为紧密地结合起来，尝试从侵权组织的中部或高端进行深度瓦解，并与传统的从组织末端向上突破的分化取证方法相结合。

（四）有助于化解侵权手段高智能化的难题

网络空间中知识产权的侵权手段具有很强的隐蔽性、复杂性，其智能化的程度越来越高，对有关部门取证工作提出的挑战也越来越大。但是面对如此强大的挑战，我国有关部门在取证时却未作出相应的改革，对于网络知识产权侵权案件中出现的大量网络证据，其发现、获取的条件以及勘验、分析的能力都有很大的局限性，对技术证据的专业分析能力也存在现实的不足。因此司法机关有必要与数字服务业者之间建立信息监控与取证合作的机制，从而大大弥补自己在网络证据的发现、获取、勘验和分析等方面的技术差距；

---

① ［美］约翰·冈茨、杰克·罗切斯特，《数字时代盗版无罪》，周晓琪译，法律出版社2008年版，第147页。

与权利企业建立信息分享和取证合作的机制，从而改变自己对技术证据专业分析能力不足的局面。

综上，面对智能化程度越来越高的网络知识产权侵权案件，如果我国有关机关对取证方法仍不做相适应的改革和更新，必将会使侵犯知识产权的犯罪黑数不断扩大，保护知识产权的目标也势必会落空。因此为了有效打击网络时代的知识产权侵权行为，我国司法机关必须对传统的取证方法进行改革和更新，通过对与相关利益主体取证合作中出现的新情况和新问题进行深入分析和研究后确立和完善合理的取证合作机制，然后通过培养和训练等多种途径使司法机关工作人员以及相关利益主体能够熟练掌握和运用这些合作方法和机制。唯有如此，才能有效地应对复杂的网络知识产权侵权形势，提高司法机关的取证能力和工作效率，保证在具体的网络知识产权诉讼中实现有效解决纠纷或不枉不纵的目标。

## 二、有助于实现网络知识产权案件取证方法的科学化

### （一）有助于消除权利人的信息盲点

面对日新月异的网络知识产权侵权时，司法机关仍采取传统的取证方法就很难消除权利人的信息盲点，因此司法机关取证方法的科学化改革就必须要努力消除网络知识产权侵权中权利人的信息盲点。对于知识产权侵权案件而言，我国传统获取信息的渠道主要是权利人报案，通过权利人向司法机关报案来获取有关侵权的线索和证据，然而这种传统的取证方法在网络时代遭遇了很大的障碍。这是因为在网络空间内，有着浩如烟海的信息，其中非法信息与合法信息混杂在一起，而且网络知识产权侵权行为的实施往往处于一种隐蔽多变的状态，因此受害人及时获知自己权利被侵害的难度就很大，在信息的知情和证据的获取方面存在不小的盲点，向侦查机关报案的及时性就会受损。为了尽力消除权利人在侵权诉讼中的信息盲点，司法机关有必要对传统的取证方法进行改革。其一，司法机关可以通过与数字服务业者之间的取证合作机制，借助数字服务业者的信息平台对网络侵权进行实时监控，有助于司法机关及时获取侵害信息与权利人分享，并可以帮助权利人避免和控制侵害的持续发展和迅速扩张，此外还可以帮助权利受害人获取和掌握大量

有价值的证据，以支持自己的诉讼主张，有效保护自己的权利。其二，加强司法机关与权利人之间信息分享与取证合作机制的建设，一方面可以使司法机关在确认侵权性质以及侵权程度上获得来自权利人的专业支持和技术指导，帮助司法机关制定合理的查证方案；另一方面也可以使受害人获得来自司法机关提供的有力支持，既帮助受害人制定合理有效的诉讼策略，又帮助受害人了解和掌握更多的维护权利、防止侵权的知识及方法。

（二）有助于畅通与公众之间的信息渠道

知识产权的刑事保护始于 20 世纪末，网络知识产权的刑事保护则更晚，长期以来社会公众对于侵犯知识产权危害性的认识就比较模糊、比较粗疏，那公众对于网络知识产权侵权行为的危害性和破坏性就更为陌生，甚至淡漠。公众更多看到的是网络在快速获取和传播信息方面所具有的强大魅力和优势，但对于网络知识产权侵权行为的危害性认识却非常模糊。因此社会公众对于此类侵权犯罪的态度就比较宽容，当然就缺少向侦查部门检举、揭发并提供有用材料和线索的积极主动性。因此司法机关有必要对传统取证方法进行科学化的改革，通过建设与数字服务业者之间信息监控与取证合作机制，利用数字服务业者独有的网络平台以特殊的网络方法和技巧向广大网民普及网络知识产权侵权的危害性和破坏性，令广大网民形成关于网络知识产权侵权危害性的正确认识和深刻理解，从而增强社会公众在网络空间中保护知识产权的意识，以及防范和打击侵权的坚定理念和基础知识，最终为司法机关打击网络知识产权侵权行为构建起更为广泛、更为扎实的信息基础。

为了有效对抗网络空间中复杂多变的知识产权侵权行为，司法机关有必要建构和完善科学化的取证方法。而科学化的核心体现就是如何有效地扩展取证渠道，保证充足的证据数量和有效的证据质量。因此司法机关有必要与相关利益主体之间建立取证合作机制，以科学的方法实现信息的传递和衔接，形成有效的信息系统；以合理的手段推进对有关证据的收集和提取，形成完整的证据链条，最终顺利地完成证明任务，冲破网络知识产权侵权者所构筑的"智能壁垒"。

## 第二节　司法部门与权利人之间的取证合作与信息分享

### 一、司法部门与权利人之间的取证合作

在司法证明中，证据的观察视角并不是单一的，既有当事方的视角，又有裁判者的视角，而这两个诉讼主体的视野中所呈现出来的证据世界是不同的。此外，还有亲历者和被说服者①或经历者和被说服者②的划分，这种划分与诉讼构造、诉讼模式并无关系，因为有些亲历者并非诉讼构造中的一方，他们加入到诉讼当中仅仅是因为诉讼构造中的某一方主体认为其具有证明本方事实主张的作用而出现在证明的舞台上，它具有附属性。当事方既是诉讼构造中的一方主体，同时又是案件的亲历者，正是由于当事人是生活事实③的亲历者，因此他对于历史事实的认识具有无人可比的确定性，这种确定性可以作为一种有力的手段结合其他证据消除裁判者对历史事实认识的不确定性，并对裁判结果事实进行正确与错误的评判。而且对于当事方而言，由于裁判与其有着切身的利害关系，因此其具有超越于裁判者外在约束的强大内在动力去广泛收集证据证明事实，影响裁判事实，而裁判者并非亲历者，他对于历史事实的认识无疑具有不确定性，正需要借助当事人对历史事实认识的确定性和证据来削弱和消除。在网络知识产权侵权案件中，权利人或受害人作为事实的亲历者对于是否存在侵权以及侵权后果等方面信息的获取具有很大的优势；同时由于审判与己有着密切的利害关系，当事方会更为积极主动地收集证据，从而发现一些司法部门尚未触及的有价值证据或证据线索。

---

① 汪建成：《理想与现实——刑事证据理论的新探索》，北京大学出版社 2006 年版，第 22 页。

② 宋英辉、汤维建主编：《我国证据制度的理论与实践》，中国人民公安大学出版社 2006 年版，第 118 页。

③ 现实生活中所发生的实实在在的事实，是作为认知对象的事物的本体论存在。参见［美］达玛斯卡：《比较法视野中的证据制度》，吴宏耀、魏晓娜等译，中国人民公安大学出版社 2006 年版，第 47 页。

因此在网络知识产权侵权诉讼中，司法部门在取证工作中应注重与权利人展开有效的合作，发挥其在取证中的优势作用。

以微软公司为例，微软公司成立了专门的反侵权团队，这个团队中有律师、执法部门与公司间的联络员、政府的游说人士，教育专家、公关与传播专家等。当这个团队从遭受某公司诈骗的顾客或遣散的员工处获得密报或消息后，就会派调查员展开调查工作，调查员会先与消息来源接触，然后通过后续的调查和了解以确认是否存在侵权，以及侵权波及的范围和造成的影响。如果案件可能涉及犯罪行为的，通常会安排有执法经验背景的调查员参与调查。调查顺利完成后，则由律师加入展开进一步的处理。如果是民事案件，公司律师会提起诉讼；如果是刑事案件，则与执法机构合作，并向其提供包括证据和资金在内的支持。而且微软会对其销售代理商和顾客进行关于侵权不良影响的教育工作，并对相关协会和政府部门进行各类游说工作。尽管在微软反侵权团队的一系列调查工作中，除了重大的组织犯罪案件之外，大多数案件都是以和解而结束，很少走入审判程序，但是少数进入司法程序的案件，司法部门也可以从微软的调查工作中获取有力的证据支持。

但是能够像微软具有如此强大实力建立自己的反侵权团队者并不多，还有众多实力相对薄弱的中小型企业，他们的反侵权历程就显得有些步履维艰了。某些中小型企业很可能由于盗版而使得自己即将上市或刚刚面市的游戏软件受到严重打击，甚至因此一蹶不振而退出市场。然而在侵权手段和侵权客体都渐趋数字化的时代，如果把打击侵权的希望只放在职权部门身上的话，保护知识产权的目标将很难顺利实现。因此即便反侵权的历程再艰难，权利人都应一步一个脚印地努力前行，由一个线索、一次调查、一次顾客的亲自拜访、一次与司法部门的取证合作、一项审判陈述所组成的反侵权足迹势必会促成这些中小型企业反侵权工作的成功开展。当然每一个单独的中小企业确实势单力薄，难敌侵权的袭击，这些中小企业应联合起来，成立一个反侵权的联盟，通过信息、人员、资金等的联合，制定反侵权联盟的工作规程，从而联合起来共同对抗侵权行为，同时也可以为司法部门提供有力的证据支持。

**二、司法部门与权利人之间的信息分享**

尽管权利人作为侵权案件的亲历者，对是否存在侵权以及侵权程度等问题可以为司法部门提供有效的证据支持，但是当侵权手段披上网络外衣后，其隐匿、多变的复杂特性远超出了权利人的控制范围。在波涛汹涌的数字大海中，要区分谁是海盗、谁是好人并不那么容易，因为海盗并不会在每一次劫掠中挂起骷髅旗帜，而正规海军也可能隐蔽地实施劫掠，并妥善地处理战利品。在如此复杂、混乱的数字世界里，权利人对于侵权行为的发生和扩张也可能会出现后知，甚至无知，而关于侵权行为对自己所造成的危害影响也可能未作出准确评判。为此亟须拥有广泛调查职权的司法部门帮助有些茫然的权利人消除信息盲点，实现信息共享。同时当权利人发现侵权时，也会由于欠缺证据意识和防御手段，而未能及时保全相关证据和减少不必要的侵权损害。司法部门应为其提供更多相关的信息，使其逐步树立证据意识，掌握一般的证据保全知识，并熟悉必要的防御技术，尽量减少侵权给自己造成的损害，从而使权利人在与司法部门的信息共享中，不断提高自我保护的能力。

科技的飞速发展、数字时代的到来使得警察失去了往日的优势地位，在这场打击侵权的竞赛中，警察每采取一项措施，数字侵权人就会马上回敬其新的反抗策略和干扰手段，警察在面对这场竞赛时感到势单力孤、力不从心。例如，某些小公司的业务就是修改微软 Xbox 与索尼 Play-Station 之类的游戏机，如此一来玩家不必通过正版的芯片便可以使用盗版的游戏软件，在美国修改硬件设备并非非法行为，侵害版权的才是，对此警察只能望洋兴叹。而且相对于其他传统的重点犯罪而言，知识产权犯罪，尤其是网络知识产权犯罪并非司法调查部门高度警戒的对象，它在司法部门调查的优先名单上排名靠后，不仅投入的人力、财力、物力等都与传统的重点犯罪相差很远，同时不少司法调查人员缺乏调查相关案件所需的专业知识和专门技能。因此在网络知识产权侵权案件中，司法调查部门需要与权利人之间实现信息分享，既发挥司法部门职权调查的权威优势，同时也发挥权利人权利调查的便利优势，从而获取更多有价值的信息。

## 第三节　司法部门与数字服务业者之间的信息监控与取证合作

这里所讲的数字服务业者中不包括作为侵权案件一方的内容提供商，而只能是作为权利人与侵权人以及广大网络用户之间的中间人，[①] 它一方面需要从内容提供商处获得更多受网络用户欢迎的知识产品，但不希望成本太高，同时又希望有更多的网络用户选择自己的服务，十分不愿意因为过多的限制而使用户流失。这样一来数字服务业者在与司法部门的合作中，角色就很难把握，一方面这些数字服务业者不太愿意得罪自己的网络用户，另一方面它又很难不与司法部门进行合作，因此在二者的取证合作中，既需要对数字服务业者的监控行为进行引导和管理，同时也需要对司法部门的职权行为进行引导和规范，努力使二者的行为保持在合理界限内。在这些数字服务业者中有一部分兼具内容提供商、技术提供商和网络服务提供商双重或多重身份。例如微软，它既是内容提供商，技术提供商，同时又拥有 MSN 在线网络。对于这一类数字服务业者而言，如果其系所涉案件的一方主体，则应中止其相关的监控行为，避免其滥用权利，破坏对其不利的证据，进而影响案件的公正审判。

2016 年年 9 月最高人民法院、最高人民检察院、公安部公布的《关于办理刑事案件收集提取和审查判断电子数据若干问题的规定》（以下简称《电

---

① 在美国有学者把知识产权保护的大军划分为几大阵营，分别是 A 阵营，是整个大军中层级最高的，指的商业协会和游说团体，如 RIAA（美国唱片业工业协会）、BSA（商业软件联盟）、MPAA（美国电影协会）；B 阵营，由内容提供商组成，这些企业拥有强大的游说能力和商业影响力，所参与的行业协会（A 阵营）受其驱动而为其代言，如微软和索尼；C 阵营，由技术提供商构成，成员包括制造点对点档案分享软件、媒体播放软件、卫星碟等的企业，如微软、苹果，他们既可能成为 B 阵营的合作者，同时也可能成为 B 阵营的敌人，往往 C 阵营最受欢迎的产品能让顾客不去购买 B 阵营的产品，相反的，如果 C 阵营的产品找不到市场，B 阵营里的那些企业也就无人理睬；D 阵营，互联网服务提供商，他们扮演的是 A 至 C 三个阵营与侵权人之间的中间人；E 阵营，是指政客与法院，美国学者称其在面对因技术飞速发展所引起的问题时，总是胡乱处理；F 阵营，是指一群评论家，无论是何种评论人士都将苗头指向了当前强化知识产权保护力度的趋势；最后是 G 阵营，是美国宪法所指称的、政府提供知识产权保护时预设的受益人，即美国的普通老百姓。参见［美］约翰·冈茨、杰克·罗切斯特：《数字时代盗版无罪?》，法律出版社 2008 年版，第 45～47 页。

子数据规定》）第 3 条规定，人民法院、人民检察院和公安机关有权依法向有关单位和个人收集、调取电子数据。有关单位和个人应当如实提供。该条规定了有关单位和个人有配合司法机关调查取证的义务。在司法实践中，该条所规定的有关单位和个人，主要就是指如阿里、百度、腾讯等互联网企业。网络知识产权犯罪中绝大多数的涉案网络电子数据都集中存储在各大互联网企业。在以往的司法实践中，当司法机关对互联网企业提出调查取证的要求时，互联网企业总会以"不存储数据"、"保护个人信息"等各种理由阻碍司法机关的调查取证。因此可以说该规定在一定程度上缓解了司法机关与互联网企业之间在调查取证过程中的紧张关系，同时也为司法机关向互联网企业调查取证提供了法律依据。但是对于二者之间取证合作的优势和劣势，以及具体如何取证合作等方面，仍需要深入的探讨和思考。

## 一、司法部门与数字服务业者间信息监控与取证合作的优势

### （一）二者之间的信息监控具有实时性

普通的知识产权侵权案件只有在有形的侵权产品出现后，才会启动执法监管的权力以及随之可能出现的司法审判，这种滞后性在网络知识产权侵权案件中表现得更为突出，严重威胁到网络知识产权的保护。由于网络与现实生活相比，人们的活动一般处于一种隐匿状态，司法部门通过数字服务业者的协助，利用网络的隐匿特性，对网络中涉及知识产权的行为进行实时有效的监控。对于那些明显侵权的内容以及权利人发出移除通知的内容，数字服务业者可以及时予以删除，如果删除后仍反复上传发布者，数字服务业者还可向其发出"网络警告"，行为严重的还可采取其他较严厉的网络限制措施。如果发现内容涉及犯罪的，则应立即将相关内容和材料提交司法机关进行审查。

### （二）二者之间的取证配合具有便捷性

在以往的知识产权侵权案件中，司法部门要么是从权利人处获得有关的侵权证据和证据线索，要么是从行政执法部门处取得移交的证据和相关材料，然后再根据审判的需要去收集其他证据。这种传统的取证方式对于普通的知识产权案件而言，尚可适用，但是在网络知识产权案件中，则显得乏力、缓

慢。通过数字服务业者在信息监控方面的协助，由于监控具有实时性，一旦有侵权发生，数字服务业者便可以及时发现和保全侵权证据，并通过必要的技术手段尽力消除侵权内容，降低侵权的危害后果。这样一来司法机关在取证方面就具有了前所未有的便捷性，司法机关获取的信息量大幅增加，以往信息不对称的局面也得到了很大改善，打击网络知识产权侵权行为不力的风险就此大大降低。

（三）二者之间的信息监控与取证合作具有凝聚性

这种凝聚性体现在两个方面：信息的凝聚性和力量的凝聚性，前者是指相关证据量的扩充和质的提升，后者是指反侵权力量的不断充实与扩大，利用网络空间独特的优势逐步构筑起宏大的民间反侵权力量。

在信息的凝聚性方面，二者之间的信息监控与取证合作具有很大的优势，司法部门通过数字服务业者的实时监控以及与数字服务业者间的便捷取证可以获取大量有价值的信息，实现相关信息在司法部门的凝聚。而司法部门的孤立取证在网络侵权案件中信息凝聚方面就显得较为不足。就网络知识产权侵权的刑事案件而言，司法部门获取信息的途径主要有三种：第一种是公安机关自行发现，这一途径具有较大的偶然性，公安机关要么在其业务工作中知悉，要么通过其他案件获知，因此无论是信息的量和质都难免会出现不小的缺陷。第二种是知识产权行政执法部门移送，如海关等知识产权行政执法部门在执法过程中发现后移送至公安机关。[1] 因为网络知识产权侵权犯罪的主体往往具有较高的技术水平和专业能力，加上网络的伪装使得不少受害人处于不知情状态，所以此类侵权的线索和信息就较难发现和暴露，能被有关的行政执法部门获知和掌握的犯罪线索及证据也是有限的。显而易见，如果仅依赖知识产权行政执法机关在执法过程中取得的犯罪线索及证据，难以应对网络知识产权侵权行为向司法部门提出的巨大挑战。第三种是知情者或权利受害人向司法机构的报案或举报，但由于上述权利人不可避免的信息盲点，使得这一途径也并非畅通无阻。

在力量的凝聚性方面，通过数字服务业者信息监控和取证合作还可以逐

---

① 参见何家弘主编：《新编犯罪侦查学》，中国法制出版社 2007 年版，第 553～554 页。

步形成一股强大的民间反侵权力量。在数字世界里游走很容易让人迷失，在这里对与错、合法与非法之间的界限已经变得模糊不清。因此对于绝大多数的年轻网络用户而言，不能仅对他们不慎为之的错误罚款、发传票，甚至逮捕，而是应该在网络空间里树立警醒的标示，进行明确的宣传，教育他们以合法的方式使用涉权内容，同时激发他们作出转变，即从满足于个人享受转变为关切社会，实际上就是在向这些众多的年轻人传递一个信息：他们是能促成知识产权保护现状改变的强大力量，逐步成为反对侵权以促进社会变革的重要动力。① 数字服务业者成为完成这一力量凝聚任务的重要角色之一，数字服务业者不仅可以对上传、转载侵权内容的网络用户进行劝诫、制止，使其很难传播和扩散侵权内容，同时还可以通过自身的约束和对外的宣传使得广大的普通网络用户合法使用和自觉保护知识产品。这无疑彰显了网络的独特优势，在普通网民（尤其是居多的年轻网民）中凝聚成一股强大的反侵权（即保护知识产权）力量。

### 二、司法部门与数字服务业者间信息监控与取证合作的障碍

（一）数字服务业者在监控和取证中提供的信息存在虚假的风险

网络的隐匿性尽管便利了数字服务业者进行实时监控，但是在波涛汹涌的数字大海中，数字服务业者也无法消除网络世界中天然存在的信息虚假的风险，而且数字服务业者在核实和评判相关信息的真假方面存在能力良莠不齐的状况。此外，数字服务业者自己也身处知识产权的利益链条上，它对于知识产权的保护并非始终如一，而是根据自己的利益需要不断改变策略，摇摆不定，因此其在司法部门取证时亦会设置障碍，提供虚假信息。

（二）数字服务业者的信息监控存在失衡的风险

数字服务业者的信息监控利用网络空间中信息交流的迅捷和便利，具有了现实世界收集证据所不具有的强大优势，但其同时也因网络空间的无限扩展性、开放性而具有失衡的风险。这是因为数字服务业者在信息监控时要面对海量的信息，其中非法信息与合法信息混杂在一起，需要仔细甄别和慎重

---

① ［美］约翰·冈茨、杰克·罗切斯特：《数字时代盗版无罪？》，法律出版社2008年版，第186页。

处理，否则极有可能越界侵权，导致利益失衡。一方面数字服务业者良莠不齐，在对相关信息的甄别力上存在不足，将合法信息误认为非法信息进行处理，或视非法信息为合法信息而不作反应；另一方面数字服务业者可能会基于自身利益的考虑而对相关信息作出不同处理，要么自动移除自认为侵权的信息，要么接到他人的移除通知后不作审查就将有关信息予以移除，要么在权利人一再催促、反复通知的情况下也不予理会。因此无论是数字服务业者能力不足，还是利益驱使，都难免会超越信息监控的合法范围，而侵入到他人合法私权领域内，这样一来不仅使得网络世界中的信息自由和信息安全受到了威胁，同时也使得知识产权保护制度所追求的知识创新与共享平衡、权利人利益与社会公众利益平衡的目标难以实现。

（三）数字服务业者的信息监控缺乏权威性

这里所讲的权威性既体现在信息监控的稳定性方面，还体现在信息监控的有效性方面。首先，数字服务业者的信息监控如果没有司法部门的引导、管理和保障，其对于相关信息的关注和监控就很难长时间持续下去，可能会因自身的利益、能力的不足或经验的欠缺等各种原因而中断、放弃，这必然会使信息监控的稳定性受到很大影响。其次，尽管数字服务业者可以凭借网络技术进行实时监控，凝聚大量信息并逐步促成和壮大民间反侵权的队伍。但它只是一个商业主体，缺乏相关的法律专业知识，尤其是证据法方面的知识，如果没有司法部门的指导和帮助，其监控中所获得的很多有价值的信息都可能会被司法审判拒之门外，信息监控的有效性也就因此大打折扣。

**三、关于建立二者之间信息监控与取证合作机制的设想**

实际而言，数字服务业者信息监控的核心优势就是信息优势，而根本的缺陷就是缺乏引导、管理和规范。因此司法机关有必要对数字服务业者施以妥当的引导和科学的管理，并为此确立合理的规范，才能在正当的范围内最大限度发挥数字服务业者具有的强大信息优势。笔者沿着数字服务业者信息监控的运行脉络和波及范围，初步建构起我国在网络知识产权保护中司法机构与数字服务业者间的信息监控和取证合作机制。

（一）对数字服务业者综合品质的评估

网络空间是一个当今极具魔力的世界，对于不同的网络用户而言，可能是"天堂",也可能是"地狱"。数字服务业者作为提供网络服务的主体,在谋求经济利益时不应让自己堕落成为"地狱使者",而应在经济利益之外承担起一份社会责任,令网络空间成为一片净地,保障网络空间里的自由和安全。然而众多数字服务业者的综合品质参差不齐,如允许所有数字服务业者进行信息监控,不仅可能超出某些数字服务业者的技术能力和经济实力,同时也有可能使某些不良数字服务业者滥用权利,以致危害网络自由和安全,成为网络健康发展中的一颗毒瘤,同时也会危及知识产权保护事业的顺利发展。因此司法部门应对数字服务业者的综合品质进行评估,以授权于有资质的数字服务业者,由其配合司法部门进行信息监控,并与司法部门建立起长效的取证合作关系。当然在有权实施信息监控的数字服务业者之外,司法部门可以在取证工作中与更多的数字服务业者合作,但是这种合作并非长效机制,而是因案而异。

(二)网上初步审查制度

这种初步审查可以根据现实情况大致划分为三种:第一种是单独审查+备案制;第二种是双重审查制;第三种先行移除+司法审查制。无论是何种审查方式,都主要审查两方面内容,即合法性和真实性。第一种是单独审查+备案制。司法部门可以将已经掌握的易遭侵权的作品名录发给提供相关数字服务的业者,这样相关的数字服务业者就具有了自主进行合法性审查的依据。数字服务业者一旦发现有与名录相关的侵权内容,就可以直接作出移除处理,并通过网络手段对发布者进行告诫改正,然后将相关处理情况制作报告备案于司法部门或司法部门的专门调查机构,司法部门应定期或不定期对备案中相关信息的真实性和数字服务业者处理行为的合法性进行审查监督。就第二种双重审查制而言,如果数字服务业者认为发布内容虽不在名录范围内,但有明显侵权迹象的,则要采取双重审查。所谓双重审查就是指由数字服务业者先行审查,如其认为有侵权嫌疑的,应及时提取和保全相关侵权证据,并提出审查意见,然后将证据和意见一并移交给司法部门进行再次审查。之所以这样安排是因为数字服务业者只是普通的商业主体,并不具有法律专业知识和相关的专门技能,如果由他们任意把握法"度"极有可能会出现偏差,而司法部门的工作人员,尤其是知识产权的专门调查人员,既具有法律专业知识，同时也具备了专门技能，他们有能力也有责任承担起必要的合法性和真实性审查工作。司法部门中专门调查机构（人员）接到移交材料后应立即展开对相关信息的审查和核实，但其审查不仅仅局限于数字服务业者相关取证行为的合法性、所取证据的真实性以及所提意见的有效性，同时还可以对与疑似侵权行为相联的数字服务业者其他处理行为进行合法性审查，即是否侵入他人的合法私权领域。司法部门的专门调查机构（人员）经过初步的审查核实后，如认为该内容明显存在侵权现象的，就可以令数字服务业者先行作出移除处理，然后根据侵权的性质作出不同的处理。如系民事侵权的，可通过网络手段告知发布者享有向法院提出异议的权利；系刑事侵权的，若是全新案件，应予立案，并根据数字服务业者所掌握的侵权者详细信息将其捉拿归案，若与司法调查部门正在调查的案件相关或符合，则应一并调查，将新获取的证据与已收集到的证据结合在一起，寻求突破，获取更多有价值的证据和证据线索。就第三种先行移除＋司法审查制而言，如果数字服务业者对名录之外的内容接到他人发出的移除通知，应按照其通知要求将相关内容作出移除处理，然后提取和保全相关证据移交给司法部门进行初步审查，司法部门的专门调查机构（人员）经过初步的审查，根据案件性质不同作出不同处理，系民事案件的，就可通过数字服务业者告知发布者有权向法院提出异议；系刑事案件的，是新案的应及时立案，并通过数字服务业者处获取的侵权者信息将其捉拿归案，同时通过数字服务业者的协助与权利人取得联系，获得权利人帮助，收取更多有用信息；如与司法调查部门正在调查的案件相关或符合，则可一并调查，借助数字服务业者寻求突破，获取更多有价值的信息或线索。对于后两种审查情形而言，如果司法部门经过审查之后，认为数字服务业者所提供的相关证据还不足以断定确有侵权的，就可令数字服务业者继续监控，不得采取移除等网络限制手段，以求获取更有价值的证据和线索。

上述三种审查形式主要阐释的是明查的方式，但实际上这三种审查形式也可采取暗查的方式。所谓暗查就是在网络中不对侵权者的行为施加干涉，令其不断暴露出来，从而使得司法调查部门获取更多有价值的信息。具体而言就是如果司法部门经过审查（备案审查）发现确有侵权的，可以根据案件调查的实际需要令数字服务业者不要采取任何网络限制手段，然后司法部门可以通过网络和现实两条线最大限度地掌握侵权信息，保证网络知识产权侵权案件调查工作的顺利进行。

（三）网上后续审查制度

当数字服务业者发现侵权内容并予以移除后，或是司法部门确认有明显侵权并由数字服务业者予以移除后，相关的侵权行为并不一定会立即终止，仍有可能会持续发生。因此为了进一步收取更多的证据和线索，也为了减少侵权行为的损害，需要数字服务业者在司法部门的引导、管理下展开后续的审查。后续审查的程序基本同于初步审查，数字服务业者理应站在审查的最前线，应跟随相关网络信息的发展，进行实时、同程的追踪和审查。授权进行信息监控的数字服务业者应设立专门的信息监管员，对涉及知识产权的内容进行综合性的审查，从而在信息发展进程的每一环节对是否存在侵权作出相对合理的判断，并及时获取和保全相关证据，为司法部门的调查工作提供更多的帮助和突破。司法部门也可以根据案件调查的需要，令数字服务业者不要启动任何网络限制手段，将侵权者置于监控范围、保持追踪即可，以便获取更大的进展。

（四）引导信息发展的机制

由于信息监控是由数字服务业者打前哨战，承担主要的监控工作，其作为商业主体在监控中难免会出现一定程度的偏差，甚至会步入险途，如果欠缺合理的引导，可能就会对网络世界的稳定和发展造成破坏，并走向网络知识产权保护的对立面。因此有必要建立合理有效的引导机制。这种引导大致分为三类，第一类是对数字服务业者信息监控行为的引导，第二类是对介入调查的司法部门及其工作人员职权行为的引导，第三类是对广大网络用户涉及知识产权的意识和行为的引导。

就第一类对数字服务业者信息监控行为的引导而言，又具体分为三种引导，第一种是对数字服务业者获取和保全侵权证据行为的引导，第二种是对数字服务业者施以不同网络限制手段的决定进行引导，第三种是对数字服务业者后续监控行为的引导。如果缺少了第一种引导，就有可能导致数字服务业者错失不少有价值的证据，或有可能使得某些有价值的证据由于资格缺失而无法进入司法审判的大门，最终将使得网络知识产权司法保护的希望落空。如果第二种引导阙如的话，数字服务业者将有可能出现处理失当，甚至出现畸轻畸重的严重失衡情形，不利于网络世界的稳定发展和自由健康。如果缺少第三种引导，数字服务业者将在与司法部门的合作中沦落为一个"网络刽子手"，即只根据司法部门的指令具体实施移除等网络限制手段，而淡化了其本应承担的凝聚相关信息和壮大反侵权力量的关键作用。

第二类是对介入调查的司法部门及工作人员职权行为的引导。无论在网上初步审查，还是网上后续审查中，都会有司法部门的介入，这就会涉及司法部门介入的时机、介入的程度、介入的措施、介入的结果等方面的问题。只有将其保持在合理的范围内，司法部门与数字服务业者之间的信息监控和取证合作才会在法律的框架内获得权威性而不断发展下去。为了使司法部门的介入保持在合理范围内，必要的引导机制就成为当然之选，否则权力的行使就有可能踏入网络民意表达的自由禁地，也会阻碍数字服务业的发展壮大，同时还违背了保护网络知识产权的初衷。笔者建议可以由检察机关对司法调查部门的介入时机、介入程度、介入措施等进行法律监督，通过法律监督引导介入调查的司法部门及工作人员的职权行为保持在合理的范围之内。

第三类是对广大网络用户涉及知识产权的意识和行为的引导。这种引导需要数字服务业者与司法部门共同进行，数字服务业者安排的专门监管人员应对相关信息进行实时的追踪观察，对于很可能侵害他人知识产权的行为，可以警醒相关的上传、转载或是兜售等人员，对其阐明利害，引导其通过合法渠道使用这些信息，并以建议、提议等方式指导盲目下载的网民通过合法渠道获取这些信息，远离非法侵权的内容。对于进入司法评判范围的侵权行为，则同时需要司法部门对广大网络用户的相关言行进行必要的监控和引导。司法部门的工作人员可以普通网民的身份与共同侵权主体中轻度侵权者展开直接对话，劝诫其转以合法的方式使用涉权信息，并与司法部门进行合作，提供更多有价值的证据和线索。对于其他普通网民，司法部门的工作人员仍可以普通网民的身份使用网络中通行的语言和方式逐步引导广大普通网民树立起保护知识产权的意识，并引导他们通过合法的渠道使用涉权信息。

总之，数字服务业者的信息优势加上司法调查部门的职权引导和专业优势，既可以使前者的信息优势得到最大限度的保障，同时也使司法部门的职权实现了高效运行及其专业优势的最大限度发挥；既使司法部门在网络取证中获得了强有力的帮助，同时也使得司法部门在现实世界的取证工作更具效率。这样一来司法部门在面对网络知识产权侵权案件时就可以较为自如地穿梭于网络空间和现实世界展开有效的取证工作，网络知识产权的司法保护也因此获得了有力的证据保障。

（五）网下救济与罚则

2016年《电子数据规定》虽然明确规定了相关单位与个人如互联网企业有配合司法机关调查取证的义务，尤其在刑事案件中这个义务理应不容推卸。但是现有法律法规司法解释中都未规定如果相关单位和个人如互联网企业不配合司法机关调查取证，该承担什么样的法律后果。如果没有不作为的法律责任约束，该规定就很容易在实务中无法操作，流于形式。因此笔者建议，应根据阻碍司法机关调查取证行为的严重程度不同，设置从声誉罚到行为罚，甚至人身自由罚等不同级别的罚责。

# 第四章　网络知识产权诉讼中
# 诱惑取证问题的研究

所谓诱惑取证是指取证者在相对人不知晓的情况下，利用虚假身份接近相对人或混入侵权组织内部等方式收集证据或线索，并以此锁定侵权行为的实施者。这种取证手段一般适用于隐蔽性强、智能性高的案件，最先是在刑事司法领域中使用，随后逐渐在民事司法实践中开始使用。对于网络知识产权侵权案件而言，无论是在刑事司法领域还是在民事司法领域，其隐蔽性、智能性以及组织性都远高于其他案件，因此诱惑取证方式会逐渐成为一种重要的取证手段，并在抗击网络知识产权侵权的过程中发挥出重大作用。

在刑事司法实践中，网络知识产权犯罪案件是一种高度隐蔽化、高度智能化、严密组织化的新型犯罪案件，传统的侦查方式难以应对这种新型犯罪案件，诱惑侦查的方式势必会得到运用。例如，2002 年美国司法部、海关和检察机关联合行动破获了几个大型的盗版集团，包括剃刀 1911（Razor 1911）、启示队员（Apocalypse Crew）、流氓战士（Rogue Warriorz），而这一系列的行动带有很强的秘密性，当局甚至在互联网上创建了一个非常不俗的盗版软件网站。其中剃刀 1911 集团的首脑西恩·布林最终因为侵犯版权的两项罪名被判处了 50 个月的徒刑，导致他落网的原因正是秘密侦查中诱惑侦查手段的实施，由思科公司（Cisco Systems）派人假装向西恩·布林采购并要求其送货至某商店门口，而该商店正是陷阱所在，通过此举才将其抓捕。①

---

① ［美］约翰·冈茨、杰克·罗切斯特：《数字时代盗版无罪》，周晓琪译，法律出版社 2008 年版，第 147～148 页。

诱惑侦查已经开始逐渐成为侦查机关在查处网络知识产权犯罪案件的一种重要取证手段。

在民事司法实践中网络知识产权侵权案件也是一种具有很高隐蔽性和智能性的案件，当事人调查取证的条件和手段存在着不少的局限，因此当事人会趋于选择使用诱惑取证的方式来保护自己的合法权益。

## 第一节　网络知识产权诉讼中诱惑取证的利弊分析

### 一、网络知识产权诉讼中诱惑取证的利处分析

（一）网络侵权的隐蔽面纱需要诱惑取证予以揭开

以美国司法部破获的著名案件——约翰·桑卡斯二世案为例，桑卡斯是一个名为 Drink or Die 的软件盗版集团的头目之一，该集团都是通过权利企业里的内线获得软件，并把嵌入软件的保护装置拆除，然后绕过人们熟知的网站，以加密的讯号在即时聊天系统里与购买者秘密联络兜售盗版软件，这样一种"内线拿货"＋"加密兜售"的隐蔽方式很难被发现和识破。如果继续使用传统的取证方式，那么这种隐蔽的违法犯罪行为将很难被揭露，知识产权的司法保护难逃虚弱无力的批评。

（二）网络侵权的智能屏障需要诱惑取证予以击破

网络知识产权案件中的侵害对象就是智能的结晶，侵权手段又是智能化的网络手段，同时为了能够顺利实施侵权，侵权者还会采用各种干扰执法者和权利人的策略、手段，因此可以说网络知识产权诉讼就是一场侵权者与反侵权者之间的智能较量、技术竞赛。如果只采用传统的取证方式，那么在这场智能较量与技术竞赛中反侵权一方就难有胜算，因此为了赢得这种较量和竞赛，反侵权方必须采用普通取证和诱惑取证有机结合的方式才能有效对抗侵权行为。

（三）网络侵权留下的电子痕迹需要诱惑取证予以查寻

在诉讼中，依据取证人员对案件事实认识方向的不同，可以将取证手段

大致分为"逆向性"取证和"顺向性"取证两大类。传统的公开取证手段属于逆向性取证，即从果到因的回溯式取证，而诱惑取证属于顺向性取证，即由因至果的前进式取证。在网络知识产权案件中，侵权行为于网络中流转所留下的电子痕迹不仅隐蔽难觅，而且易删改消失，如果仍采取传统的公开式的逆向性取证，就很难从侵权行为结果逆向地追溯到侵权行为过程的证据和侵权行为的实施者。因此侦查机关在面对这种难以逆向侦查的案件时转而适用诱惑取证，彻底改变侦查机关传统的对案件事实认识的方式和思路，即从对案件事实的逆向认识转为顺向认识，侦查过程（查明过程）与犯罪过程达到了大致同步，获取大量以往难以取得的有效证据。在民事诉讼中，普通的取证方式也面临挑战，通过以具有因果关系的实物来证明它的初始状态，然后逆推侵权事实的传统方式遭遇了使用的障碍，因此当事人转而使用诱惑取证的方式，使得取证过程与侵权过程实现大致同步，收集到以传统方式很难获取的有效证据。

（四）网络侵权的集团化需要诱惑取证予以破解

网络知识产权案件中侵权者往往不是单兵作战，而是形成了一个有明确分工的集团或群体。以 2003 年美国"软件盗版现场案"（warez scene）为例，"软件盗版现场"是一个专营盗版软件的地下组织，他们通过互联网大规模地销售有版权的软件。在这个地下组织里，分工相当明确，有供应人、破解人和信使，其中"供应人"就是能在版权企业上市销售前取得有版权的软件、DVD 电影、计算机游戏、MP3 音乐文件；"破解人"能够运用自己的技术能力规避或"破解"数字版权作品上的技术保护装置；"信使"则将复制后的软件传播至互联网的各个文件服务器上，供他人存储、复制和再传播。而且在这个地下组织中虽有分工，但是每一个工种即供应人、破解人和信使彼此之间并不直接发生联系，他们只是分别向组织负责而已，而能将这环环相连的只有组织的头目。面对这样一种侵权组织，如果仍然按照传统取证的方式，侦查机关取证工作将举步维艰，要么抓到几个底层的信使而无从突破，要么即便抓着权利企业中作为供应人的内线，也较难彻底挖出这个地下组织。这种地下组织就如同水母一样，其下的不同层次或分工就好比水母的触手一样都具有很强的再生能力，即便遭袭失去部分触手，它也可以很快再生，除非你攻击其主要机体如胃腔才可能遏制其再生。因此有必要在传统取证之外适用诱惑取证的方式，通过潜入侵权组织的内部将其分裂，将其彻底消灭，并遏制其再生。

（五）网络公众的扭曲意识使得诱惑取证成为一种无奈选择

互联网的便利性大大降低了使用者的道德门槛，网络环境下人们的识别力、判断力也不同程度上发生了扭曲，对于网络上信息的使用和处理方式也大大不同于现实世界，因此在网络世界中知识产权的保护往往被人们漠视。在这样一种病态的网络环境中，想要通过公开的普通取证的方式获取证据，实在是困难重重，因此不少国家在网络知识产权犯罪案件中都会在不同程度上选择使用诱惑侦查的方式，甚至在民事案件中也出现了诱惑取证的情形。

## 二、网络知识产权诉讼中诱惑取证的弊端分析

（一）容易侵害相对人的意志自由

尽管公安机关代表国家行使侦查权，但是由于警察在实施诱惑侦查时毕竟是在实施对象不知情的情况下使用，而且还会对实施对象的意志、行为及其后果施加了直接或间接的影响，已经站在了法律和道德的边缘，因此诱惑侦查的合法性和正当性势必会面临很大的质疑，需要深入分析和慎重使用。

（二）可能会背离刑事诉讼保障人权的目标

某些特殊类型的犯罪，例如隐蔽性高的犯罪，或智能化程度高的犯罪、集团性的犯罪，如果仅采用普通的侦查策略和调查方法就难以取得突破。为了有效打击和控制这些特殊类型的犯罪，很多国家的侦查机关就开始使用诱惑侦查这种具有很强针对性的侦查策略和调查方法。从诱惑侦查的产生背景来看就可以发现其实施的目标就是为了控制和惩罚特殊类型的犯罪。但是刑事司法的目标并不仅仅是惩罚犯罪，同时还应注重保障人权，而这也是诱惑侦查自产生之初就面临和必须解决的价值冲突。

（三）容易侵害相对人的权益

与刑事案件的诱惑侦查相比，民事案件中的诱惑取证存在更大的风险和质疑，这是因为在刑事诉讼中犯罪行为侵害的不仅仅是被害人的个体利益，它同时还破坏了国家的安全和社会的秩序，因此代表国家公权力的公安机关、

检察机关成为刑事诉讼中的追诉者，他们所要维护的不仅仅是个体的利益还有整个社会的利益，因此他们对于案件事实的知情权在很大程度上高于被告人的私权。而民事诉讼则是平等的民事主体之间私权利的纠纷和冲突，他们的对抗能力和机会要求平等，一方的知情权与对方的私权利发生冲突时则需要慎重权衡和合理评判，任何一方的权利都不具有高于对方权利的当然优势。

## 第二节　网络知识产权诉讼中诱惑取证的认识论原理

在刑事案件中，由于触发了控制犯罪与保障人权之间最为激烈的冲突和矛盾，使得诱惑侦查成为理论界和实务界争议最大、关注最高的一种秘密取证方式。而且这种取证方式也逐渐渗透入民事案件中，有些民事侵权案件的当事人采用诱惑性的手段获取侵权证据，锁定侵权方。

### 一、认识对象的非给定性

一般来说案件事实无论是对刑事司法中的侦查机关而言，还是对于民事诉讼的当事人而言都是历史事实，即作为认识对象的案件事实是预先给定的，作为认识主体的侦查机关或当事人只能被动地去证明它，不可能主动影响它的发生和发展，认识主体所能做的就是借助证据在裁判者面前对历史性的案件事实进行重构。但是在诱惑取证中，则与普通取证过程不同，这种取证方法面对的认识对象并没有预先完整的给定，作为认识主体的侦查机关或当事人可以不仅仅是被动地证明它，同时还可以主动对它的发生、发展施加一定影响。正如前述，网络技术在知识产权侵权手段中的广泛使用，使得受害人对于侵害行为的发生往往后知后觉，存在较大的信息盲点，侦查机关介入犯罪案件查处的时机也有较大的滞后性，如果采用这种主动的取证手段，就可以在很大程度上降低受害人信息盲点和侦查机关滞后所带来的负面影响。

### 二、认识方式的直接性

对于侦查机关而言，由于其未亲历过案件事实，其对于历史事实的认识具有很大的不确定性，因此只能借助证据＋推论的方式间接形成对历史事实的正确认识。这也使得侦查机关一般采取的侦查方法是先从结果开始，选择由果至因的逆向取证路径，通过证据的桥梁完成结果与原因的联接，形成对案件事实的重构与认识。但是诱惑取证所面对的认识对象并非完全是历史事实，其所面对的特定违法犯罪行为可能正在进行或将要进行，认识对象的不确定性大大降低，认识方式的直接性也因此大大提升。这样一来采用诱惑侦查的网络知识产权犯罪案件的侦查人员就可以在一定程度上实现侦查过程与犯罪过程的大致同步，从而有效地获取较为完整的犯罪证据并抓捕罪犯。网络知识产权民事案件中的权利受害人也可以不必再望着侵权的损害结果而手足无措，可以通过使用诱惑取证的手段获取有价值的侵权证据并锁定侵权者。

### 三、认识结果的确定性

一般而言侦查机关所面对的认识对象是历史性事实，由于其不是亲历者，所以对于历史事实的认识不可避免地会存在不确定性，需要以证据为媒介和桥梁完成对案件事实的认识。而且侦查机关往往采用的是由果至因的逆向认识方式，这种认识方式就需要借用证据和推论才能顺利完成。由于主客观因素，侦查人员所收集到的证据难免会存在数量和质量上的缺陷，因此在认识结果上就会出现不确定性。但是在采用诱惑侦查的网络知识产权犯罪案件中，由于前述直接性的认识方式，侦查人员的取证过程在一定程度上与犯罪过程同步交叉进行，可以说侦查人员在一定程度上亲历了案件事实的发生或发展，因此侦查人员可以使用从因至果的认识方式，其对于案件事实的认识也就具有了前述一般侦查方法所不具备的确定性。在网络知识产权民事侵权案件中当事人尽管是侵权行为的受害者，是案件事实的亲历者，但是自明并不等于他明，其仍需广泛收集有价值的证据充分证明自己受侵害的事实，可是作为亲历者的受害方往往不具有证据优势，而且在取证能力方面良莠不齐、取证环境也欠佳的情况下，如果仍依靠传统的取证方式，在审判者面前所建构的事实图景就具有相当大的不确定性。在网络知识产权的民事案件中，受害方对侵权的感知能力较于普通民事侵权案件要低很多，在面对总是隐蔽在网络外衣后的侵权方时，受害方如果也能将自己隐身，借助诱惑取证手段令侵害方现身并记录和收集其侵权的有效证据，将能够有力地支持自己的诉讼主张，保障自己的合法权益。

## 第三节　网络知识产权刑事诉讼中的诱惑侦查

### 一、诱惑侦查的概念

由于陷阱取证中的"陷阱"一词来源于域外，而且在我国犯罪证据的收集和犯罪嫌疑人的抓捕乃是侦查机关的职责所在，采用的侦查手段又带有诱惑性，因此国内在刑事诉讼领域中更多使用的是"诱惑侦查"这个名称。国内学界关于诱惑侦查的界定比较复杂，而且还存在不少与此相关的概念，曾经有学者尝试将国内外出现的与此相关的概念进行梳理，以求对诱惑侦查作出清晰的界定，但是仍存在一定的模糊性。尽管学界对诱惑侦查的界定还存在不小的差异，但是其在实践中的运用却产生了盲目扩张的态势。因此作为法实践先导的理论研究就应为诱惑侦查的准确界定作出不懈努力，为诱惑侦查的立法和实践提供正确的理论基础和原理指引。

简单地讲，诱惑侦查就是侦查机关在调查过程中使用带有"引诱""迷惑"性的策略或方法取证并抓捕罪犯。[①] 从"诱惑侦查"的这个基本含义中，我们不难发现其所具有的基本特性，主要体现在以下几个方面。

第一，目标的单一性。某些特殊类型的犯罪案件，如隐蔽性高的犯罪案件，或智能化程度高的犯罪案件，如果仅采用普通的侦查策略和调查方法难以取得突破。为了有效打击和控制这些特殊类型的犯罪案件，诱惑侦查这种具有针对性的侦查策略就应运而生。从诱惑侦查的产生背景来看，我们可以发现其实施的目标就是为了控制和惩罚特殊类型的犯罪。但是刑事司法的目标并不仅仅是惩罚犯罪，同时还应注重保障人权，而诱惑侦查从产生之初就由于背离保障人权的较大风险而备受质疑和批判，这也成为诱惑侦查自产生之初就需要面临和解决的价值冲突。

---

① 何家弘：《从相似到同一——犯罪侦查研究》，中国法制出版社 2008 年版，第 315 页。

第二，主体的公权力性。采用双轨制的国家，诉讼双方都有权对犯罪行为进行调查取证，而采用单轨制的国家，犯罪侦查是一项国家职能，只有国家公权力机关才有权实施。但是诱惑侦查自产生之初就以收集犯罪证据、抓捕罪犯为目标，而正是这一目标决定了诱惑侦查只能由代表国家的公权力机关实施，其主体具有公权力性。尽管具体实施诱惑侦查行为者可能是侦查人员，也可能是受侦查机关委托或雇用的人员，但都不影响主体的公权力性。

第三，方法的诱惑性。如前所述，诱惑侦查就是侦查机关在调查过程中使用带有"引诱""迷惑"性的策略或方法取证并抓捕罪犯。一般而言，犯罪行为都是在犯罪分子意志自由的情况下自主实施的，侦查机关的取证方法并不会也不能对犯罪分子的行为自主性产生外界干扰和影响。但是对于某些特殊类型的犯罪，侦查机关采用这种带有"引诱""迷惑"性的侦查方法就会对侦查对象在意志自由情况下所实现的"内在控制"实施一定程度的外界干涉，从而对侦查对象的行为自主性形成不同程度的影响和干扰。①

以上述三种特性来框定诱惑侦查，可以较为清晰地划定诱惑侦查与其他相关概念的界限，从而避免它们的混淆使用。综合上述三种特性，可以将诱惑侦查界定为国家侦查机关为了控制特定犯罪而在侦查过程中所采用的带有诱惑性的方法、策略。

## 二、网络知识产权刑事诉讼中诱惑侦查的类型划分

### （一）机会提供型或犯意诱发型

与其他相关侦查类型相比，诱惑侦查的突出特点就是方法的"诱惑性"，而诱惑性就体现在对侦查对象的意志自由施加了外在影响，对侦查对象的行为自主性施加了外在干涉。因此在诱惑侦查进行类型划分时，既要考虑到诱惑者诱惑行为的客观强度，同时还要考察被诱惑者的主观状态，依据主客观相结合的标准才能对诱惑侦查的类型做一个合理的划分。根据主客观相结合的标准，诱惑侦查可以大致分为犯意诱发型和机会提供型。

第一种是机会提供型，即在诱惑行为实施前，侦查对象在主观上已经有了犯罪意图或倾向，诱惑行为只是在客观上为侦查对象提供了实施犯罪的条

① 汪建成：《理想与现实——刑事证据理论的新探索》，北京大学出版社 2006 年版，第 211 页。

件或机会，从而将其已有的犯罪意图显露于外。这种类型的诱惑侦查又可以根据警察提供条件或机会的时机先后不同细分为行为启动型诱惑侦查、行为完成型诱惑侦查和缉捕措施型诱惑侦查。所谓行为启动型诱惑侦查是指侦查人员向已经有犯罪意图，但还没有着手实施犯罪的人提供机会和条件，使其着手实施犯罪。所谓行为完成型诱惑侦查是指警察为已经着手实施一定犯罪的人提供机会和条件使其可以继续实施犯罪。在美国相关文献中提到的刺激侦查，就是指在整个刺激侦查中犯罪嫌疑人是独立的，侦查人员并没有在犯罪者的心中植入犯罪意图。[①] 这说明美国的"刺激侦查"相当于这里所讲的机会提供型诱惑侦查。所谓缉捕措施型的诱惑侦查，是指犯罪嫌疑人已经完成犯罪，但是还在潜逃中，为了能将其抓捕，警察以提供新的犯罪机会或条件为诱饵使其现身并将其抓捕，而且以其抓捕前的犯罪事实控诉并定罪量刑。[②] 例如前面提到的美国剃刀 1911 犯罪集团案，就是用这种诱惑侦查的方式将该犯罪集团的首脑西恩·布林抓捕归案的，先由思科公司（Cisco Systems）派人假装向西恩·布林采购并要求其送货至某商店门口，当其送货至该商店时被事先埋伏好的调查人员所抓捕。

第二种是犯意诱发型，即在诱惑行为实施前，侦查对象在主观上还没有犯罪的意图或倾向，但正是因为诱惑者的诱惑行为才诱使侦查对象产生犯意并实施犯罪行为，然后使之受到追诉，很明显这种诱惑行为已经超出了正当权力的界限。这种诱惑侦查类似于美国的"侦查陷阱"或"侦查圈套"，先在侦查对象的头脑中植入犯罪意图，然后诱使其实施犯罪行为，最后对其提出刑事指控，侦查对象被一步步引入了侦查机关设置好的陷阱或圈套中。

（二）网上诱惑侦查与普通诱惑侦查

根据诱惑侦查的手段是否利用网络实施可以分为网上诱惑侦查与普通诱惑侦查，其中网上诱惑侦查是利用网络实施的一种特殊诱惑侦查形式，是侦

---

① See Marvin Zalman and Larry Siegel, Criminal Procedure Constitution and Society, 1991, West Publishing Company, p. 558. 转引自汪建成：《理想与现实——刑事证据理论的新探索》，北京大学出版社 2006 年版，第 207 页。

② 王志广：《中国知识产权刑事保护研究》（理论卷），中国人民公安大学出版社 2007 年版，第 332～333 页。

查人员在网络世界中实施的诱惑侦查，往往适用于网络犯罪案件中；而普通的诱惑侦查则是在现实世界中实施的诱惑侦查。就网络知识产权犯罪案件而言，由于其犯罪行为穿梭于网络与现实两个世界，如果仅仅依靠现实世界中的诱惑侦查，则很难搜寻和探查出其犯罪的全部脉络和完整痕迹，因此非常有必要将现实世界中的诱惑侦查与网络世界中的诱惑侦查紧密地结合起来，从而将犯罪分子虚拟的身影暴露于现实世界的阳光之下。比如网络犯罪案件中采用的"情景模拟式的诱惑侦查"就可以适用于入侵式的网络知识产权犯罪案件中。这种诱惑侦查手段就是侦查机关利用计算机网络技术伪造一个诱骗系统，这个系统可以在不惊动犯罪嫌疑人的情况下，模拟其曾攻击的目标场景作为诱饵，当其再次实施犯罪行为入侵这个系统时，该系统就会详细记录下其作案的全过程并锁定目标嫌疑人，这样一来侦查机关既可以获得犯罪嫌疑人此次作案的全部电子证据，同时也可以将罪犯抓捕归案。

### 三、网络知识产权刑事诉讼中诱惑侦查的价值评析

正如上述，依据侦查对象主观状态和诱惑者客观行为相结合的标准可以将诱惑侦查划分成两种截然不同的类型。当前世界上大多数国家对这两种诱惑侦查类型的评价结论截然不同，本书对这两种类型的诱惑侦查也分别进行价值分析。

对诱惑侦查所作的价值解析最终都可以归结至公正与效率的关系上，古罗马法学家乌尔比安曾指出"法律乃善良公正之术，法学乃正与不正的学问"。所以在法学界有一种传统的观点就是公正乃司法的最高价值目标，而效率是经济学的主旨和核心。这无疑是一种偏见，因为法律所追求的公正目标并不排斥对效率的追求，司法也需要在资源有限的情形下追求更大的收益。

诱惑侦查一般适用于使用普通侦查方法难以侦破的重大犯罪案件，或者没有明显被害人的犯罪案件。这些案件往往具有很大的隐蔽性，如果仍采用普通的、被动回应式的侦查方法就很难掌握有价值的犯罪证据，并将罪犯抓捕归案。为了有效地打击这些特殊的隐蔽性犯罪案件，侦查机关就只能改变传统的策略和方法，变被动为主动，将侦查的过程与犯罪的过程同步化，从而掌握大量有价值的犯罪证据，并将罪犯予以抓捕，绳之以法。从诱惑侦查

的产生背景来看，它就是为了满足对特定类型的犯罪进行有效侦查的需要而产生的，而且往往建立在侦查机关对特定类型犯罪案件的基本活动规律作出分析和研究的基础上。因此通过诱惑侦查的实践会不断地改进对特殊类型犯罪案件的侦查方法和技巧，并积累有效的侦查经验，大幅度提高了对这些特定类型犯罪案件的侦查效率。然而由于两种不同类型的诱惑侦查对侦查对象的主观影响和诱惑行为客观强度方面存在质的差异，因此二者在公正与效率的价值关系上也呈现出不同的结果。

（一）"犯意诱发型"诱惑侦查的价值评析

第一，违反了无罪推定的精神。刑事诉讼的目标之一是惩罚犯罪，但是犯意诱发型的诱惑侦查却是对没有犯罪意图的侦查对象实施，实际上是对一个无罪之人做有罪的推定，然后一步一步将一个无犯罪意图的人引入了实施犯罪并受追诉的陷阱或圈套之中。这无疑已经违反了刑事司法中无罪推定的基本精神，而且不是在控制犯罪而是在制造犯罪，远远背离了司法公正的目标。

第二，侵害基本人权。尽管侦查机关是代表国家行使侦查职能，但也必须在正当的范围内行使，不得肆意侵害侦查对象的基本人权。犯意诱发型诱惑侦查的对象在诱惑行为实施前并没有犯罪的意图或倾向，但由于诱惑行为所设置的情景或条件而诱发其产生了犯意并促使其付诸实施。因此可以说侦查机关是在对一个无罪的公民实施侦查行为，其行使侦查权力的行为已经超出了正当的范围，陷人入罪，严重侵害了侦查对象的基本人权，与司法公正的目标相悖。

第三，有悖于人性。每个人都有人性的弱点，如果为其提供特定的情境和条件，就有可能使人性中的弱点演化为罪恶。犯意诱发型的诱惑侦查就存在着利用侦查对象人性中的弱点植入犯罪意图并使其实施犯罪的巨大风险。这种以背离人性的手段实现所谓打击和控制犯罪的侦查方法对社会的危害影响将是不可估量的，同时也违背了司法所追求的公正目标。

综上，由于犯意诱发型诱惑侦查有损于人性的尊严，有损于侦查机关的道德责任和司法威信，也损害了现代法治的精神，故而它违背了现代诉讼的公正价值。而且各国的刑事司法是为了控制犯罪而非制造犯罪，因此世界上大多数国家都否定了犯意诱发性诱惑侦查的正当性和合法性，我国 2012 年新修订的刑事诉讼法①也禁止采用此种侦查手段查明案情。

（二）"提供机会型"诱惑侦查的价值评析

提供机会型的诱惑侦查包括行为启动型、行为完成型和缉捕措施型，类型不同其价值基础也就不同，因此笔者将分别对其分析和探讨。

1. 行为启动型诱惑侦查的价值评析

就行为启动型诱惑侦查而言，由于在此种诱惑侦查中，侦查对象尚未实施犯罪行为，警察只是凭着对侦查对象是否有犯罪意图的推测而实施的。但是所谓的犯罪意图属于人的意识层面，如果无外化之语言或行为，就很难准确推断其意识层面的内容，即便是有了相关的语言表达，也有很大的可能与其内心的真实意思存在差异。因此警察对于侦查对象是否有犯意的推测存在很大的错误风险，警察所提供的犯罪条件或机会极有可能成为使侦查对象产生犯罪意图的主要或直接诱因，从而沦为法律所禁止的犯意诱发型诱惑侦查，因此笔者认为此种诱惑侦查亦应归入非法之列。

2. 行为完成型诱惑侦查的价值评析

首先从实施的前提条件来看，在实施诱惑行为之前侦查对象已经实施了部分犯罪行为，以此作出的犯意推断错误的风险较低，侦查对象是在其意志自由的情况下实施的犯罪行为，当然应该归责于他，② 这也完全符合刑法中"罪责自负"的原则。

其次从实施的理论依据来看，符合唯物主义的物质运动原理和科学控制论。任何犯罪行为的实施都有具体的形态能够被人们所观察，而且也会逐步形成独特的运动规律能够被人所认识，这恰恰符合唯物主义的物质运动原理。例如，软件盗版的犯罪案件中，犯罪分子往往会在巨额经济利益的驱使下反复作案，这样其犯罪心理和犯罪手段就会逐渐趋于定型，形成特定的活动规律。侦查人员就可以在掌握同类案件基本活动规律的基础上，对侦查对象正

---

① 我国 2012 新修订的《刑事诉讼法》的第 151 条规定："为了查明案情，在必要的时候，经公安机关负责人决定，可以由有关人员隐匿其身份实施侦查。但是，不得诱使他人犯罪，不得采用可能危害公共安全或者发生重大人身危险的方法。"

② 陈兴良：《刑法的人性基础》，中国方正出版社 1996 年版，第 257 页。

在实施的行为性质和未来走向作出较为准确的判断，从而采用相应的诱惑方法收集有价值的证据并将其绳之以法。科学控制论的原理是人们可以通过对事物发展规律的利用或环境的改变来对某事物的发展态势施加影响并加以引导。行为完成型诱惑侦查就是在对特定类型犯罪案件活动规律利用的基础上，对侦查对象正在实施的犯罪行为施加影响并因势利导，为其继续实施犯罪创造适宜条件，在其继续实施犯罪的过程中掌握有价值的犯罪证据并抓捕归案。

从诱惑行为的强度而言，行为完成型诱惑侦查符合刑事诉讼的适度性原则。这种类型的诱惑侦查所面对的是正在实施犯罪或已经部分完成犯罪的对象，其故意犯罪的主观心理状态已经外化为犯罪行为，侦查行为的实施只是为其未完成的犯罪行为提供便利条件，从而将其已有的犯罪意图实施完毕，因此并没有超越刑事诉讼法的适度性原则，具有犯意诱发型诱惑侦查所不具有的公正性。

就缉捕措施型诱惑侦查而言，这种诱惑侦查只是一种抓捕在逃犯的手段，侦查对象已将犯罪意图付诸实施并完成了犯罪行为，侦查人员的欺骗性手段只是为了将其缉捕，而且随后的审判也并未对其诱捕之后的行为作出刑法评价，因此这种诱惑侦查能够在法律和道德允许的范围之内发挥作用，具有不容置疑的公正性。

**四、网络知识产权刑事诉讼中的网上诱惑侦查**

对于网络知识产权犯罪案件而言，网上诱惑侦查与普通诱惑侦查相比更能有效地对已知或未知的犯罪嫌疑人进行定位和追踪，并有效收集获取犯罪分子在网络世界里留下的犯罪证据。因此有必要单独论述网上诱惑侦查在网络知识产权犯罪案件中的适用问题。

（一）网上诱惑侦查的含义及类型

网上诱惑侦查在刑事司法实践中大致表现为两类：第一类是诱捕式的网上诱惑侦查，即这种侦查手段是主要用来诱捕犯罪嫌疑人的，这种手段需要网络空间的技术手段与现实空间的抓捕手段紧密结合才能最终完成，例如通过网络媒介诱骗犯罪嫌疑人出现，然后通过 IP 地址定位的方法将其在现实空间抓获。这种手段常常需要网上诱惑侦查与普通诱惑侦查相结合才能共同完成，但一般是网络诱惑在先，传统诱惑在后。例如，先在网络上进入某特殊聊天室或论坛与犯罪嫌疑人接近并取得其信任，约其在某个地点交易，然后通过现实空间的普通诱惑侦查在交易过程即将结束时将其抓捕，当然在抓捕时也可斩获有价值的物证。第二类是录证式的网上诱惑侦查，即这种侦查手段主要是用来记录获取犯罪证据的，这种手段可以有效对抗入侵式的网络知识产权犯罪行为。侦查人员可以建立一个与被侵害信息系统相似的虚拟系统，或者根据对相关犯罪多年侦查经验的判断模拟出一个此类犯罪分子可能感兴趣的虚拟信息系统，将犯罪嫌疑人引入虚拟的侦查信息系统中，该系统就可以完整地记录下犯罪嫌疑人的全部犯罪过程，侦查人员也就可以借此获取犯罪嫌疑人侵权犯罪的电子证据。[①] 当然通过一定的技术手段也可同时锁定犯罪嫌疑人，在现实空间将其抓捕。

以上两种网上诱惑侦查的类型并不是截然分开的，在刑事司法实践中往往是结合起来使用。综合上述两种网上诱惑侦查在刑事司法实践中的基本表现，我们可以把网上诱惑侦查界定为一种在网络空间内实施的特殊诱惑侦查手段，一种利用互联网及相关数字技术，在网络空间用隐蔽、虚拟、迷惑等方式令犯罪嫌疑人现身被捕并获取犯罪证据的特殊侦查手段。

（二）网上诱惑侦查在网络知识产权犯罪案件中的适用条件

与普通诱惑侦查相比，网上诱惑侦查一般不会诱发无辜的人产生犯罪意图，无论是通过网络媒介诱捕犯罪嫌疑人，还是通过虚拟信息系统录证，往往针对的是已有犯罪故意，或是已经在意志自由的情况下实施了犯罪行为的人。因此网上诱惑侦查的危险性要低于普通诱惑侦查，适用范围较普通诱惑侦查要宽一些，但它也存在不小的侵权风险，理应纳入法治轨道，将其限制于合理的范围内。

第一，隐蔽性相当高、使用其他侦查方法都难以侦破的案件。如果罪犯在黑暗中隐蔽作案，而侦查人员却只在阳光下寻找证据、抓捕罪犯，那只能是徒劳无功。侦查人员必须具备在光明与黑暗之间穿梭的能力，具备将罪犯隐蔽的外衣揭开、令其大白于天下的能力，只有这样才能有效地对抗犯罪，

---

① 参见刘品新：《电子取证的法律规制》，中国法制出版社 2010 年版，第 251 页。

维持社会安定的秩序。但是由于网络知识产权犯罪案件往往都具有较高的隐蔽性，同时也为了避免背离刑事司法保障人权的目标，因此并不是所有网络知识产权犯罪案件都可以适用网上诱惑侦查，只有那些隐蔽性相当高采取普通侦查手段已经无法侦破的网络知识产权犯罪案件才可以适用。

第二，有合理根据或合理理由表明犯罪嫌疑人正在利用网络实施侵权犯罪的。如果没有任何证据或迹象显示犯罪嫌疑人正在利用网络实施侵权犯罪的，侦查人员不得随意在网络空间内实施诱惑侦查的行为，否则侦查人员在网络上实施的各种诱惑性手段就很有可能诱使普通网络用户产生侵权的意图并付诸实施，从而逾越了法律和道德的边界。

第三，只限于合理的案件侦查需要而使用网上诱惑侦查技术。在网上诱惑侦查中，无论是侦查人员设置的虚拟系统还是侦查人员使用的网络伪装，都必须仅限于调查案件事实的合理范围内，不得损害受保护的权利客体，不得损害侦查对象甚至是无辜网络使用者的合法权益。

第四，须向同级人民检察院侦查监督部门提出申请并获批准后方可使用。由于网上诱惑侦查仍存在较大的侵犯侦查对象或其他无辜网络用户合法权益的风险，因此有必要设置检察监督的程序。侦查人员在实施此种侦查手段前必须先向人民检察院侦查监督部门提出申请，将拟定好的实施方案提交给人民检察院侦查监督部门，然后由人民检察院侦查监督部门对此进行审查评估，作出是否批准的决定。侦查机关只能按照检察院侦查监督部门批准的方案实施，如果检察院侦查监督部门未予批准，侦查机关虽可以提出复核，但在未获批准前都不得实施此种侦查手段。

（三）网上诱惑侦查在网络知识产权犯罪案件中的适用程序

第一，申请程序。对于符合适用条件的案件，承办的侦查人员可以就采取网上诱惑侦查的案件向本部门负责人提出初步申请，得到许可后再向同级人民检察院的侦查监督部门提出正式申请书，由同级人民检察院的侦查监督部门进行审批。

第二，审批程序。人民检察院侦查监督部门在接到侦查机关提交的关于采取网上诱惑侦查的正式申请书及其相关支撑材料后，应当尽快（如3~5日）进行审查评估并作出是否批准的决定。如果超过审查期限人民检察院未作任何决定，侦查机关可以先行实施网上诱惑侦查，并从实施之日起 3～5 日内再次向人民检察院报请审批，但在人民检察院就再次报请审批作出决定之前，网上诱惑侦查不停止实施。人民检察院经过审查评估后，认为有必要采取网上诱惑侦查的，即可获准侦查机关实施，反之则不予批准。人民检察院应将是否批准的决定及相应理由书面通知侦查机关，侦查机关如对人民检察院不批准的决定有异议的，可以向上一级人民检察院申请复核一次。

第三，实施程序。申请得到批准后，侦查人员应该严格按照批准的内容包括方式、对象、范围、时间等严格实施，如果人民检察院有另外的特别批复，侦查人员也应严格按照批复要求实施。在实施过程中，如果出现了申请时未预计到的新情况需要对批准的实施方案有所变动的，侦查人员应立即向人民检察院侦查监督部门汇报，并提出变动申请；如果情况十分紧急来不及申报的，可以先行实施变动方案，然后及时向人民检察院侦查监督部门提出补充的变动申请，如果人民检察院侦查监督部门对补充的变动申请不予批准的，侦查机关应立即停止实施。

第四，汇报评估程序。当网上诱惑侦查实施完毕后，侦查人员应将实施情况向人民检察院侦查监督部门提出书面报告，然后由人民检察院侦查监督部门对此次实施的网上诱惑侦查的合法性进行评估，包括所获取证据的合法性进行评估。评估后应将评估结论反馈给侦查机关。

第五，修正程序。如果评估后某些证据在资格上存在瑕疵需要弥补的，或者某些证据非法需要重新收集的，侦查机关应当按结论的指示去完成，以保证获取的证据能够经得起审判者的检验。①

第六，救济程序。在刑事审判前或刑事审判过程中，应为侦查对象设置一个提出异议的救济程序。侦查对象也同样是刑事诉讼的主体，虽然其是被追诉者，但他同样享有不可侵犯的人权，因此当网上诱惑侦查侵犯了其人权时，法治国家应为其设置一个可以对侦查机关的侦查手段以及收取证据的合法性提出合理质疑的救济程序。

---

① 参见刘品新：《电子取证的法律规制》，中国法制出版社 2010 年版，第 265～266 页。

## 第四节　网络知识产权民事诉讼中的诱惑取证

我国新《著作权法》规定了在民事诉讼中当事人可以提出诉前证据保全的申请，相关的证据规则也规定当事人可以申请法院调查证据。但是在民事司法实践中，法院往往要求提出诉前证据保全的申请人提供证明存在侵权行为的初步证据，可是对于这个初步证据应该达到什么样的标准却无一个统一的规范。由于网络知识产权民事诉讼毕竟是平等民事主体之间的纠纷，因此法院在面对一方当事人的诉前证据保全或法院调查申请时往往都比较谨慎，要求也会抬高。这样一来在面对有着高度隐蔽性、证据难得的网络知识产权民事侵权时，受害一方的当事人会转而采用秘密的渠道去收集证据，例如采取类似于刑事诉讼中诱惑侦查的"诱惑取证"方式去获取侵权证据，保护自己享有的知识产权。但是由于我国民事诉讼的相关法律规范中并未对此种取证方式作出规定，因此在民事司法实践中会出现不同的裁判结果。例如北大方正等诉北京高术公司软件侵权案，在该案件中原告为了取得被告侵权的证据，就派本公司员工伪装成一个普通消费者向被告公司购买激光照排机，并要求被告派人为其安装，被告派出的安装人员就在原告备好的两台计算机内安装了盗版原告的两种软件，并提供了刻录有这两种盗版软件的光盘。同时原告还请公证机关对整个购买和安装的过程进行现场公证，并将被告工作人员安装盗版软件的两台计算机以及被告提供的盗版软件作为证据实施了公证保全。在这一案件中原告采用了诱惑取证的方式，对此一审和二审法院作出了不同的认定，一审法院肯定了原告使用诱惑取证方式所获取证据的合法性，认为原告所使用的取证方式并不在法律禁止之列；而二审法院却否定了原告诱惑取证获取证据的合法性，认为原告采取的取证方式不仅不是获取侵权证据的唯一选择，而且还违反了公平原则，如不加禁止将会对我国社会经济秩序造成破坏。最高人民法院再审时肯定了一审判决，认为原告所采用的这种取证方式并未超出正当范围，行为方式也没有对社会公共利益和他人的合法权益造成损害，而且这种取证方式也有利于解决当前相关案件取证难的问题，有利于加强对知识产权的保护。①

## 一、网络知识产权民事诉讼中诱惑取证的概念

"陷阱取证"是前述北大方正案的一审判决书对原告取证方式所使用的概念，但是一审法官并未在判决书中对这一概念作出具体阐释。在贝克曼编著的《刑事司法词典》中陷阱（entrapment）是指"政府引诱根本不想犯罪的人犯罪之行为"，"仅仅提供犯罪机会给有犯意者不构成之"。美国联邦最高法院经过索勒斯（Sorrells）案、罗塞尔（Russell）案、汉普顿（Hampton）案最终确立了与此解释相同的"陷阱之法理"（Law of Entrapment），被告人可以据此进行免责抗辩。② 因此笔者不赞成使用"陷阱取证"一词，而是将更为广义的"诱惑侦查"借用于民事诉讼领域称为"诱惑取证"。

诱惑取证是网络知识产权民事诉讼中一种特殊的取证方式，权利人或者权利人指派、委托的人通过伪装与自己认为的侵权方进行交易等方式使对方实施侵权行为，而权利人则在相对人实施侵权行为的过程中收集有关侵权的证据。根据这一概念我们可以发现在网络知识产权民事诉讼中使用的诱惑取证方式具有以下特点。

第一，取证主体是一方当事人，而非法院。在知识产权民事诉讼中诱惑取证的主体是一方当事人，一般是权利人，而非代表国家行使审判公权力的法院，否则法院的超然、中立的地位和角色就会受损，司法的权威也就荡然无存。在司法实践中，有些权利人会指派自己的员工假冒普通消费者，也有一些权利人会委托调查公司或者律师事务所进行诱惑取证，有些权利人在诱惑取证的过程中会委托公证机关随同，对所取证据进行公证保全，以提高证据的效力。

第二，取证目的的单一性。即权利人采取诱惑取证的唯一目的就是要获取被控侵权人的侵权证据。根据民事诉讼法举证责任分配的原则"谁主张，

---

① "北大方正集团有限公司等诉北京高术天力科技有限公司等计算机软件著作权侵权案"，载http://anli.lawtime.cn/ipzhuzuo/20110920150821.html，访问时间：2012年12月1日。

② 参见马跃："美、日有关诱惑侦查的法理及论争之概观"，载《法学》1998年第11期。

谁举证"的要求，权利人想要在网络知识产权民事诉讼中获胜，就必须掌握充足有效的侵权证据，而为了获取有价值的证据，权利人就要设法摘掉侵权者隐蔽的外衣，使其侵权过程显露无遗，借此权利人获取充分的侵权证据以支持自己的诉讼主张，保护好自己手中的知识产权。

第三，取证方法具有欺骗性。权利人或权利人指派、委托的人以伪装打消侵权方的疑虑，取得其信任，与其建立联系，然后假意与其进行交易等，实际令其再次实施侵权而获取有价值的侵权证据，因此可以说诱惑取证的方式带有欺骗性，被调查者被蒙在了一个无知之幕下。

## 二、网络知识产权民事诉讼中诱惑取证的类型划分

### （一）便利侵权型的诱惑取证与诱使侵权型的诱惑取证

依据是否令取证对象产生侵权意图，笔者将诱惑取证划分为便利侵权型的诱惑取证和诱使侵权型的诱惑取证。所谓便利侵权型的诱惑取证是指为获取被告侵权的证据，原告亲自或委托他人隐瞒真实身份取得对方信任，以与对方交易等手段为对方当事人实施侵权提供条件和便利的取证方式。所谓诱使侵权型的诱惑取证是指一方当事人在没有合理怀疑的情况下，为取得对方侵权的证据，就以隐瞒真实身份或采取其他欺骗性手段引诱他人实施侵权，从中获取对方侵权证据的取证方式。

### （二）网上诱惑取证与普通诱惑取证

依据是否利用网络实施诱惑，可以将诱惑取证划分为网上诱惑取证和普通诱惑取证。所谓网上诱惑取证是指权利人利用互联网技术诱骗侵权方现身并获取侵权证据的取证方式。例如，作为权利人代表的美国 RIAA（美国唱片工业协会）为了追猎侵权者，他们也会使用"点对点"网络与某些下载大量文件的用户分享一些歌曲，一旦发现这些用户中有大量上传的侵权者时，RIAA 就会使用文件分享服务提供的信息，判断用户的身份及其 IP 地址，然后根据美国版权法的规定从 ISP 那里取得实际的用户姓名与住址，在现实空间将侵权者锁定。RIAA 还会使用软件检测工具，这种工具可以追查和记录一首非法歌曲的传播路径，直至最初的下载来源，而侵权方对此却不易察觉。所谓普通诱惑取证是指在现实世界中所实施的诱惑取证手段。同刑事诉讼一

样，网络知识产权的民事诉讼中，普通诱惑取证往往与网上诱惑取证结合起来使用，才能发挥彼此最大的效用。

### 三、网络知识产权民事诉讼中诱惑取证的价值评析

#### （一）诱使侵权型诱惑取证的价值评析

第一，该类型的诱惑取证侵害了个人的意志自由原则。行为只有在行为者意志自由的情况下才对行为者本人有效，才可以归责于行为者本人。可是在该类型的诱惑取证中，诱惑者却以自己的诱惑行为，在本无侵权意图或倾向的个人心里植入了侵权意图，形成了对被诱惑者的外在干涉，扭曲了个人行为的自主性。如果让一个人对自己在意志不自由情况下实施的行为负责，无疑违背了意志自由原则而不具有公正性。

第二，该类型的诱惑取证侵犯了对方当事人的合法权益。该类型的诱惑取证在没有任何证据或线索的情况下，在没有任何合理怀疑的情况下，就实施了引诱、欺骗的手段，使本无侵权意图的相对人产生侵权的意图，并实施了侵权行为，因此这种取证手段不是在打击侵权，而是在制造侵权，已严重侵犯了对方当事人平等享有的知情权、自由权、救济权等合法权益。

第三，该类型的诱惑取证不利于民事诉讼秩序目标的实现。民事诉讼制度除了要有效保障当事人合法权益外，还要有助于维护民事实体法所确立的私法秩序。人们向往安全、有序、可预见的世界，期望通过制定和完善避免纠纷或能使纠纷迅速得以解决的各种法律规范，以防止和减少出现难以控制的混乱。但是如果法律允许使用该类型的取证方式，那将不仅对个人的合法权益造成极大的伤害，而且还会对知识产权法律规范旨在建立的安全、有序、可预见的良好秩序造成损害。这种取证手段很有可能沦为打击对手的杀手锏、遏制创新的刽子手，任何人都有可能随时随处掉进他人设计的圈套而受到惩罚，秩序在这里已经荡然无存。

我国民事诉讼法及相关规定虽未对此种类型的诱惑取证作出明确规定，但是根据2001年《最高人民法院关于民事诉讼证据的若干规定》（简称《民事证据规定》）第68条的规定，由于这种诱惑取证方式侵害了他人的合法权益，所以通过这种取证方式获取的证据就不能作为最终认定案件事实的依据。

（二）便利侵权型诱惑取证的价值评析

由于这种取证方式并未诱发取证对象产生侵权意图，而是在有合理根据的基础上对有侵权意图并实施了侵权行为的人而采取的，所以它并未违背个人意志自由的原则，未侵害相对人的合法权益，同时也没有背离民事诉讼中所追求的秩序目标，对此种取证方式以及所获取证据的合法性自然应该予以认可。最高人民法院于 2002 年 10 月 15 日颁布施行的《关于审理著作权民事纠纷案件适用法律若干问题的解释》第 8 条就对此种取证方式以及获取证据的合法性表示认可。

**四、网络知识产权民事诉讼中的网上诱惑取证**

在网络知识产权民事诉讼中权利人为了获取侵权者在网络空间实施侵权行为的证据，也会在网络空间内采取诱惑取证的手段，从而与现实世界获取的证据形成完整的证明链条以支持其诉讼主张。但由于互联网世界是一种以自我为中心、与现实世界相分离的科技空间，在这样一个与现实社会分离的空间里，没有了道德约束，进入这个空间的任何人都极有可能迷失，其在现实世界里的识别力、判断力也会在这里发生扭曲。因此如果允许权利人随意在网上采用诱惑取证手段，不仅会令网络世界里布满陷阱，危险重重，损害了网络的自由与安全，同时也不利于知识产权制度所追求的平衡目标的实现，因此有必要对网络知识产权诉讼中采用网上诱惑取证施加严格的限制。

（一）网上诱惑取证在网络知识产权民事诉讼中适用的条件

第一，限于隐蔽性高致使采取其他取证方法难以获取证据的案件。由于网络知识产权民事案件大都具有一定的隐蔽性，但并不是所有网络知识产权民事侵权案件都可以适用网上诱惑取证，只有那些隐蔽性相当高采取其他取证手段无法取证的网络知识产权民事侵权案件才可以适用。

第二，有合理的证据证明对方当事人正在利用网络实施侵权行为的。如果没有任何证据或迹象显示对方当事人正在利用网络实施侵权行为的，当事人不得随意在网络空间内实施诱惑取证行为，否则当事人在网络上实施的各种诱惑性手段就很有可能诱使普通网络用户实施侵权行为，从而逾越了正当性的边界，因此不允许在网络上采取诱使侵权型的诱惑取证手段。

第三，只限于合理的取证需要使用。在网上诱惑取证中，一方当事人在网上采取的任何欺骗性手段都必须仅限于获取侵权证据需要的合理范围内，不得损害对方当事人甚至是无辜网络使用者的合法权益。

第四，须向审理法院提出申请并经过批准后方可使用。如前所述权利个体实施网上诱惑取证有着非常大的风险，因此需要设置司法审查监督的程序。权利个体在实施此种取证手段前必须先向审理法院提出申请，将拟定好的实施方案提交给法院，然后由法院对此进行审查评估，作出是否批准的决定。一方当事人只能按照法院批准的方案实施，如果法院未予批准当事人虽可以提出复核，但在未获批准前不得实施此种取证方式。

（二）网上诱惑取证在网络知识产权民事诉讼中适用的程序

第一，申请程序。对于符合适用条件的案件，作为一方当事人的权利人应拟定实施方案，包括具体的方式、人员的安排、时间期限等内容，并向审理法院提出申请，同时向法院提供一定数额的担保。

第二，审批程序。审理法院在接到一方当事人提交的关于采取网上诱惑取证的正式申请书（包括实施方案）及其相关证据材料后，应当尽快（如3～5日）进行审查评估并作出是否批准的决定。如果超过审查期限审理法院未作任何决定，申请者可以先行实施网上诱惑取证，并从实施之日起一定期限内（如3日）再次向审理法院报请审批，但在审理法院就再次报请审批作出决定之前，网上诱惑取证不停止实施。审理法院经过审查评估后，认为可以采取网上诱惑取证的，批准申请人实施，反之则不予批准。审理法院应将是否批准的决定及相应理由书面通知申请人，申请人如对审理法院不批准的决定有异议的，可以向上一级法院申请复核一次。

第三，实施和监督程序。申请得到批准后，申请的一方当事人应该严格按照批准的内容包括方式、对象、范围、时间等严格实施，如果审理法院有特别批复的，申请的一方当事人也应严格按照批复要求实施。在实施过程中，如果出现了申请时未预计到的新情况需要变动原批准的实施方案时，申请一方当事人应立即向审理法院汇报，并提出变动申请。如果情况十分紧急来不及申报的，可以先行实施变动方案，然后及时向审理法院提出补充的变动申请，如果审理法院对补充的变动申请不予批准的，申请的一方当事人应立即停止实施。在申请人获得批准后实施网上诱惑取证的过程中，审理法院应派监督员进行实时监督，严格督导申请人按照批准的方案实施此种取证手段，避免出现偏差和混乱。监督员在监督实施的过程中如发现申请的一方当事人严重偏离批准方案实施的，有权要求其立即停止实施，并向审理法院提出报告；如发现申请一方伪造证据获得网上诱惑取证的批准，也有权要求其立即停止实施，并向审理法院汇报，审理法院可以对其进行罚款，给予训诫，并承担因此给对方当事人合法权益所造成损失的赔偿责任，而且以上两种情况所获取证据的资格也将被否定。

第四，汇报评估程序。当网上诱惑取证实施完毕后，申请的一方当事人应将实施情况向审理法院提出书面报告，然后由审理法院对此次实施的网上诱惑侦查的合法性进行评估，包括所获取证据的合法性。

第五，异议程序。在审理法院对实施结果进行评估的程序中，应通知对方当事人出席，如果对方当事人提出了充足的证据证明网上诱惑取证已侵犯了其合法权益，或不符合网上诱惑取证适用的条件，审理法院应该否定此种取证方式以及所获取证据的合法性。此外，如果此种错误的取证行为给对方当事人造成损害的，应由申请一方当事人以担保财产向对方予以赔偿，如果担保数额不足的，申请一方当事人应予以补足。

# 第五章 网络知识产权诉讼中"两法"间的信息衔接与证据转化

所谓"两法衔接",指的是涉嫌构成犯罪的行为如何从行政权体系向刑事司法权体系进行高效有序的过渡,从而减少和避免信息的断裂和证据的流失。我国知识产权保护长期以来实行的是"双轨制",即知识产权行政保护与司法保护相互独立又相互补充的模式。与司法救济相比,行政执法具有主动性、手段多样性、便捷性、高效率等优势,这既使得行政执法成为知识产权权利人首选救济之路①,同时也使得知识产权司法救济须与行政执法之间建立和完善衔接机制。在网络环境下,前所未有的侵权便利性、隐蔽性,使得行政执法的优势更加凸显,行政执法力量无可置疑地占据了打击网络知识产权侵权的前沿阵地,而司法救济作为权利人的最后一道保护屏障当然迫切需要从对抗侵权的信息前沿处获得更多有价值的证据支撑,与行政执法力量构筑起有效的衔接和合作机制,从而形成有效打击网络知识产权侵权的强大合力。

与专门的知识产权行政执法部门相比,侦查机关存在不小的缺陷,主要体现在信息渠道、资源储备、取证手段和析证能力等方面。为了弥补这些缺陷,侦查机关有必要对传统的取证方法和工作方式进行改进,通过加强与知

---

① 清华大学的余凌云教授认为:"知识产权行政执法的一个重要目标就是促成当事人握手言和,不挑动当事人互相指责,坚持走和平、和谐、共赢的道路,这也成为当事人愿意选择走行政执法救济之路的重要原因。"中国国家知识产权局专利管理司司长马维野指出,知识产权民事诉讼是权利人普遍采取的维权手段,但民事诉讼采取的是"被动保护"原则,即民不告官不究,同时打官司耗时耗力,结果还不一定胜诉,即使胜诉判赔额也偏低;行政保护具有行政管理机关主动出击、权利人维权方便快捷的优点,维权成本低、效率高。参见"加强知识产权行政执法是现实迫切需求",载 http://www.sipo.gov.cn/mtjj/2012/201206/t20120629_716833.html,访问时间:2012年8月10日。

识产权行政执法部门间信息共享与资源协调机制的建设，在两法之间架起信息交流与沟通的桥梁，资源共享与协调的坦途；通过开发和完善侦查机关有关知识产权犯罪的信息数据库，在未来为及时应对迅捷的网络知识产权犯罪提供快速、有效、便利的信息源，同时还可以在很大程度上平衡与知识产权行政执法部门存在的信息差距。

近几年来在打击知识产权侵权犯罪的过程中，我国公安部着力对两法之间的衔接配合机制进行研究和建设，已经初步建立起"信息共享、事先介入、联合行动、优势互补"的协作机制，并逐渐形成了侦查机关"主动侦查"与行政执法部门"阵地控制"相结合的工作模式。2010 年知识产权行政执法部门移送侦查机关的案件共计 754 起，比前一年同期上升 52.9%，这些数据恰恰凸显出两法之间衔接配合机制在打击知识产权犯罪中的重要作用。①

# 第一节　知识产权诉讼中"两法衔接"的概述

## 一、知识产权诉讼中"两法衔接"的立法概况

为了加强行政执法与司法救济之间的衔接与配合，我国从中央到地方的行政机关、司法机关出现了大量或单独或联合颁发的、有关于完善两法衔接的规范性法律文件（如表 5 - 1 所示），初步确立了案件移送、案情信息的通报及备案、联席会议、信息共享以及联合办案等"两法"衔接机制。

表 5 - 1　知识产权案件行政执法与司法保护衔接的主要法律渊源

| 发布时间 | 发布单位 | 规范名称 | 相关的主要内容 |
|---|---|---|---|
| 2001 年 4 月 | 国务院 | 《关于整顿和规范市场经济秩序的决定》 | 首次提出要加强行政执法与刑事司法之间的衔接，建立行政部门与刑事司法部门之间的信息共享机制，并要求加强检察机关对行政机关的监督 |

———————

① "《二〇一〇年中国知识产权保护状况》白皮书"，载 http：//www. nipso. cn/onews. asp？id = 11394，访问时间：2012 年 3 月 20 日。

| 发布时间 | 发布单位 | 规范名称 | 相关的主要内容 |
|---|---|---|---|
| 2001 年 4 月 | 最高人民检察院、公安部 | 《关于经济犯罪案件追诉标准的规定》 | 将知识产权犯罪的追诉标准予以具体化，划清了知识产权行政违法与刑事犯罪之间的界线 |
| 2001 年 7 月 | 国务院 | 《行政执法机关移送涉嫌犯罪案件的规定》（简称《移送规定》） | 行政机关将涉嫌犯罪的案件移送至公安机关的标准、程序、管辖、时限以及责任等 |
| 2001 年 9 月 | 公安部、卫生部、国家工商行政管理总局、国家质量监督检验检疫总局、国家食品药品监督管理局、国家烟草专卖局 | 《关于做好涉嫌犯罪案件的移送工作加大打击生产销售伪劣商品违法犯罪活动力度的通知》 | 行政执法机关严格执行《移送规定》，做好案件移送工作 |
| 2001 年 12 月 | 最高人民检察院 | 《人民检察院办理行政执法机关移送涉嫌犯罪案件的规定》 | 检察机关对于行政执法机关移送的涉嫌犯罪的案件应依法受理、审查、立案、复议等 |
| 2004 年 3 月 | 最高人民检察院、全国整顿和规范市场经济秩序领导小组办公室、公安部 | 《关于加强行政执法机关与公安机关、人民检察院工作联系的意见》 | 加强执法衔接各有关部门的工作联系，并强调各级整规办在执法衔接中的协调作用 |
| 2004 年 12 月 | 最高人民法院、最高人民检察院 | 《关于办理侵犯知识产权刑事案件具体应用法律若干问题的解释》 | 对知识产权侵权行为的定罪标准作出了明确解释 |

续表

| 发布时间 | 发布单位 | 规范名称 | 相关的主要内容 |
|---|---|---|---|
| 2006 年 1 月 | 最高人民检察院、全国整顿和规范市场经济秩序领导小组办公室、公安部、监察部 | 《关于在行政执法中及时移送涉嫌犯罪案件的意见》 | 行政执法机关对应移送的案件应做好证据的保存和相关材料的移送；对疑难复杂的重点案件可向公检机关咨询，必要时可商请公安机关提前介入；在查办违法犯罪案件工作中，公安机关、监察机关、行政执法机关和人民检察院应当建立联席会议、情况通报、信息共享等机制 |
| 2006 年 1 月 | 公安部、国家工商行政管理总局 | 《关于在打击侵犯商标专用权犯罪工作中加强衔接配合的暂行规定》 | 两部门打击侵犯商标专用权违法犯罪工作的衔接配合，主要有重大犯罪线索的通报和会商打击，相互通报相关违法犯罪活动的情报信息等 |
| 2006 年 3 月 | 公安部、国家版权局 | 《关于在打击侵犯著作权违法犯罪工作中加强衔接配合的暂行规定》 | 两部门打击侵犯著作权违法犯罪工作的衔接配合，主要包括重大涉嫌犯罪线索通报和会商打击，相互通报相关违法犯罪活动的情报信息以及建立打击著作权犯罪的联席会议等 |
| 2006 年 3 月 | 公安部和海关总署 | 《关于加强知识产权执法协作的暂行规定》 | 两部门打击侵犯知识产权违法犯罪工作的衔接配合，主要包括联席会议、重大案件线索的通报、联合行动等 |

续表

| 发布时间 | 发布单位 | 规范名称 | 相关的主要内容 |
|---|---|---|---|
| 2011 年 1 月 | 最高人民法院、最高人民检察院、公安部、司法部 | 《关于办理侵犯知识产权刑事案件适用法律若干问题的意见》 | 针对知识产权侵权行为中出现的新情况、新问题，尤其是网络侵权的问题，明确解释定罪标准，并规定了行政执法部门收集、调取证据的效力① |
| 2012 年 3 月 | 全国人民代表大会 | 《中华人民共和国刑事诉讼法》（修正案） | 明确规定行政机关收集的物证、书证、视听资料、电子数据等证据材料，在刑事诉讼中可以作为证据使用 |

2008 年我国国务院发布的《国家知识产权战略纲要》中明确提出："提高知识产权执法队伍素质，合理配置执法资源，提高执法效率。针对反复侵权、群体性侵权以及大规模假冒、盗版等行为，有计划、有重点地开展知识产权保护专项行动。加大行政执法机关向刑事司法机关移送知识产权刑事案件和刑事司法机关受理知识产权刑事案件的力度。"② 2008 年 11 月中共中央政治局通过的《中央政法委员会关于深化司法体制和工作机制改革若干问题的意见》把"建立和完善刑事司法与行政执法执纪有效衔接机制"（简称"两法衔接"）列为司法改革的重要任务之一。可见，加强两法之间的衔接不仅成为我国知识产权保护中的一个重要战略部署，同时也成为我国司法改革的重要任务。因此为了实现两法之间有效畅通的衔接和合作，我们有必要对此进行深入研究。

---

① 《关于办理侵犯知识产权刑事案件适用法律若干问题的意见》第 2 条规定："关于办理侵犯知识产权刑事案件中行政执法部门收集、调取证据的效力问题：行政执法部门依法收集、调取、制作的物证、书证、视听资料、检验报告、鉴定结论、勘验笔录、现场笔录，经公安机关、人民检察院审查，人民法院庭审质证确认，可以作为刑事证据使用。行政执法部门制作的证人证言、当事人陈述等调查笔录，公安机关认为有必要作为刑事证据使用的，应当依法重新收集、制作。"

② "2008 年国家知识产权战略纲要"，载 http://www.moh.gov.cn/publicfiles/business/cmsresources/mohkjjys/cmsrsdocument/doc4114.doc，访问时间：2012 年 8 月 10 日。

**二、网络知识产权诉讼中两法之间信息衔接与证据转化的关系**

第一，信息衔接是两法间证据顺利转化的必要前提。两法之间的信息衔接为两法之间有效的证据转化搭建平台，如果缺少两法之间的信息衔接机制，则不仅使得相关案件的刑事审判缺少更多易灭失的、有价值的证据，当然也就无从谈起证据转化的问题。

第二，证据转化是信息衔接作用充分发挥的有效保障。信息的衔接是从量上为知识产权案件的刑事审判建立证据支撑，而证据的转化则是从质的方面为知识产权案件的刑事审判构筑事实基础。即便建立了两法之间信息衔接机制，由于二者的证明机制存在较大的差异，如果没有健全合理的证据转化制度，也会使得大量行政执法中获取的有用证据遭遇转化的障碍和困难，而无法踏入刑事司法的门槛，并因此致使陷入知识产权（尤其是网络环境下的知识产权）司法保护软弱无力的尴尬境地。

第三，信息衔接与证据转化的结合为网络知识产权提供更周全的刑事司法保护。在网络知识产权的刑事司法保护中，不仅要关注两法之间的信息衔接，同时也要重视证据转化的研究。如果两法之间能建立起有效的信息衔接机制，共享各自所具有的软硬件资源，避免"两法"资源的浪费和重复，就可以为加强知识产权的刑事司法保护迈出坚实的、重要的第一步。如果两法之间能构筑合理的证据转化制度，明确两法之间证据转化的标准、效力、程序等细节，将会在知识产权的刑事司法保护中踏出更具实质意义的第二步，从而最大限度地提高知识产权的司法保护力度。

# 第二节　网络知识产权诉讼中两法之间的信息衔接机制

证据的动态运动可以划分为两个大的基本阶段：证据形成阶段和证据调查阶段，即信息的获取和运用阶段[①]。现实的物质世界里无时无处不蕴含着信息转移的运动，而在证据的形成阶段，也存在着一种特殊的信息转移运动：

---

① 何家弘主编：《证据法学研究》，中国人民大学出版社 2007 年版，第 310 页。

在特定客观事实的发生过程中，特定的人、物或场所会将其所蕴含的信息通过特定的方式或途径传递给相应的人、物或场所，被其以特定的系统所储存或再传递，最终将该有所耗散的信息固定在特殊的载体之上，从而脱离了它所表征的事物，这样认识主体就可以在表征事物不复存在的情况下，凭借各种特定载体所蕴含的信息消除对案件事实认识上的不确定性。而且由于"信源""信道"和"信宿"都各自存在不同的情况，所以出现了不同类型的信息转移，各种转移中所蕴含的运动规律也是迥然不同的。就网络知识产权侵权案件而言，其相关证据的形成中就蕴含了异于其他案件的信息运动规律，需要认识主体熟悉和了解这些独特的信息运动规律，才能有效保护自己的合法权利。经过案件中的信息转移和留存形成了可供主体认识的证据，但是如果它并未进入证据调查的视野，这一动态运动只是完成了证据的形成，而并未最终构成证据，因为证据的构成必须与特定的证明活动相联，脱离了证据调查活动，脱离了证据调查主体的主观认识，它只能是独立于证明系统之外的主客体交互作用而形成的"客观实在"。而且在证据形成后和证明调查之前这段时间，信息有消散和灭失的危险，因此证明主体越早发现、提取、检验，有用信息就越能全面地被保全下来，其证明价值也能更为充分地发挥出来。在网络知识产权案件中，行政执法者与刑事司法者相比较而言，前者能更早地接触相关信息，获取有关证据，刑事司法者的证据调查则相对滞后，因此其有必要与行政执法者建立畅通的信息联接渠道，以避免不必要的信息耗散和证据灭失。然而要畅通两法之间的信息衔接渠道，不仅要关注两法之间的联接，同时还要重视行政执法和刑事司法各自内部系统的调整和革新。一方面要淡化知识产权行政执法系统中狭义的部门观和地域观，另一方面要强化刑事司法系统对行政执法在知识产权保护中前沿作用的认识，同时加强各系统内部知识流、技术流、人才流、信息流的通畅，从而为两法之间更好地衔接做好最充分的准备。

近几年无论是中央还是地方都不遗余力地加强和完善跨部门之间执法协调机制的建设，尤其是两法之间的衔接机制，而两法之间衔接工作的重点和核心部分就是信息的有效衔接和证据的顺利转化。就当前全国和地方各级知识产权协调工作的实践经验而言，两法之间现有的信息衔接机制主要有以下几类：传统的材料移交制、联席会议制、联合行动制、通报备案制、信息共享制和提前介入制。

**一、传统的材料移交制**

传统上当行政执法机关在执法过程中发现违法物品的数量、金额、手段以及后果等涉嫌构成犯罪，依法需要追究刑事责任时，应及时向公安机关移送，并提交有关案件材料。同样的，当司法部门发现正在处理的案件中需要追究行政责任的，或应由行政执法部门采取行政执法措施的，应及时向有关行政执法部门移交有关案件及其相关材料。然而这种材料移交受制于现行的行政执法体制、二者证明机制的不同以及移送标准和程序的严重不足等导致了移送中的各种错漏和偏差，要么该移送的未移送，造成以罚代刑，要么不适宜移送的反而移送，贻误了抗击侵权的重要时机。

（一）现行知识产权执法体制在两法信息衔接中的弊与新

传统的知识产权执法体制造成了我国两法之间材料移送受阻，亟需对其进行革新和调整，以减少和消除材料移送的体制障碍。就横向而言，我国传统的知识产权行政执法体制是不同种类的知识产权由相应不同的行政执法机部门来负责，即知识产权执法权依照不同的职权范围分配到了不同的行政执法部门中。这样的横向设置在面对跨种类知识产权案件时，各行政执法部门可能会由于部门利益的牵绊、协作配合机制的欠缺而无法形成行政执法的合力，相关信息的共享与凝聚就会受阻。虽设立了所谓的知识产权协调机构也由于缺乏必要的长效执法手段和综合调控的权力，其被期望的协调效果未能真正得到发挥。但是根据 2018 年 3 月的《深化党和国家机构改革方案》（以下简称《方案》），我国知识产权行政执法出现了新的格局，同时也产生了新的问题，这些都会对我国知识产权行政执法体制产生深远的影响（见表 5 - 2）。第一，将知识产权行政管理纳入到统一的市场监管机制中，整合工商、质量监督和知识产权等部门职能，组建国家市场监督管理总局，从市场竞争的全盘视角给予知识产权以合理的定位、有效的保护以及科学的管理；第二，根据《方案》我国当前实行的是商标、专利的"二合一"模式，而作为知识产权的重要组成部分的版权并未纳入到统一的行政管理体系中，但较之传统的分散管理已经有了实质性的进步。具体而言，首先就是将原国家知识产权局的专利管理职责、国家工商行政管理总局的商标管理职责和国家质量监督检验检疫总局的原产地地理标志管理职责整合于重新组建的国家知识产权局，并接受国家市场监督管理总局的统一集中管理，这虽然可以整合资源，解决多头管理、降低成本、提高效率等问题，但是否能够优化资源还存在一定的疑问。因为这涉及不同种类知识产权的标准、制度的进一步统一和规范，例如申请、注册制度等方面。其次，就是由中央宣传部加挂国家新闻出版署（国家版权局）的牌子负责统一管理新闻出版工作，管理著作权事务，仍维持版权与出版事务合并体制不变。第三，我国实行的是行政与执法的分离模式，即在知识产权的行政执法过程中，行政与执法由不同机构承担，分别实施，保证了执法的统一性、便捷性，但是会涉及两者之间的具体协调、甚至权力之争的问题，① 以及执法的专业性问题。具体而言，首先根据《方案》要求，将商标、专利和地理标志的注册登记和行政裁决等事项放到了国家知识产权局，而将相关的执法职责交由市场监管综合执法队伍承担。市场监管综合执法队伍涵盖了工商、质检、食药、物价、商标、专利等诸多方面，可谓是一支"全能型"的队伍，但是在如何保证其知识产权执法的专业水平和专门能力，如何具体整合地方市场监管综合执法队伍，都会存在一定的疑问；其次，将著作权的管理职责交给了国家版权局，但是相关的执法职责则交由文化市场综合执法队伍承担，并接受国家文化和旅游部的指导，二者之间如何协调的问题尚未彻底化解。这些都势必会影响到两法之间的材料移送制的有效实施以及两法之间的紧密衔接。

--------

① 2006 年，国家版权局与文化部在版权管理方面就发生过关于 KTV 版权收费的权力争夺战，7 月 18 日文化部率先宣布将要启动"全国卡拉 OK 内容管理服务系统"，从而确立起按照统一曲库下载、按每首歌的下载或点击率向 KTV 运营商收取音乐版权费用的模式。相隔一天，7 月 20 日国家版权局也对外表示同意中国音像协会和中国音像集体管理协会按照 KTV 运营商的营业面积和经营规模向其收取使用费。在这两个部门权力争夺的背后是一场经济利益的争夺，据估算按照国家版权局公布的标准，中国音像集体管理协会将从 KTV 运营商手中收取数十亿元人民币的巨额使用费，数亿元的"蛋糕"究竟谁才有权享用？KTV 产业者手中拿到了两张不同的"处方"，又该何去何从？参见"KTV 版权收费之争：文化部与版权局谁说了算？"，载 http：//news. xinhuanet. com/fortune/2006 - 08/21/content_ 4987145. htm，访问时间：2017 年 9 月 26 日。

表5-2　《方案》前后知识产权行政执法机关的对比一览表

| 《方案》前 | 《方案》 | 基本职责 |
|---|---|---|
| 商务部 | 商务部 | 与经贸相关的多双边知识产权对外谈判、双边知识产权合作磋商机制及国内立场的协调等工作 |
| 文化部 | 文化和旅游部 | 打击走私盗版，促进文化市场发展 |
| 国家工商行政管理总局 | 国家市场监督管理总局 | 负责市场综合监督管理，统一登记市场主体并建立信息公示和共享机制，组织市场监管综合执法工作，承担反垄断统一执法，规范和维护市场秩序，组织实施质量强国战略，负责工业产品质量安全、食品安全、特种设备安全监管，统一管理计量标准、检验检测、认证认可工作等 |
| 国家质量监督检验检疫总局 | | |
| 国家食品药品监督管理总局 | | |
| 国家发改委（价格监督检查与反垄断执法职责） | | |
| 商务部（经营者集中反垄断执法职责） | | |
| 国务院反垄断委员会办公室 | | |
| 农业部和国家林业局 | 农业农村部、国家林业和草原局 | 在全国范围内大力普及植物新品种保护知识，提升自主品种权数量，加大新品种保护行政执法力度，营造尊重和保护新品种权的社会氛围和市场环境 |
| 国家工商行政管理总局（商标管理职责） | 国家知识产权局 | 负责保护知识产权工作，推动知识产权保护体系建设，负责商标、专利、原产地地理标志的注册登记和行政裁决，指导商标、专利执法工作等 |
| 国家质量监督检验检疫总局（原产地地理标志管理职责） | | |
| 国家知识产权局 | | |
| 工业和信息化部 | 工业和信息化部 | 管理域名的登记注册的事务 |
| 海关总署 | 海关总署 | 执行知识产权海关保护法律制度，不断加强与其他知识产权行政执法机关、司法机关以及知识产权权利人的合作，加大边境执法力度，打击国际贸易中的侵权行为 |

续表

| 《方案》前 | 《方案》 | 基本职责 |
| --- | --- | --- |
| 国家保护知识产权工作组 | 国家保护知识产权工作组 | 推动加快知识产权保护方面的法律法规建设，建立跨部门的知识产权执法协作机制，搞好行政执法和刑事司法相衔接，联合督办重大侵犯知识产权案件，指导各地保护知识产权工作 |

《方案》对我国知识产权的行政执法体制带来了新的格局和新的进步，同时也为我们未来知识产权行政执法体制的发展和两法衔接提供了新的方向和新的思路。第一，它实现了专利与商标的二合一管理，在当前实行知识产权保护的 196 个国家、地区中，有 113 个采取了相对集中的二合一模式，有74 个采取的是集中统一的三合一模式，这相较于之前传统的分散管理已经有了很大的进步。① 但是将商标、专利事务合并管理，更适合称为国家工业产权局，而非国家知识产权局，因此笔者建议在未来将知识产权事务的行政管理权统一收归于知识产权局，令其成为名副其实的"知识产权局"，具备完整意义的知识产权管理部门。第二，将国家知识产权局划归到国家市场监督管理总局管理，从而将知识产权行政管理工作纳入到国家市场监督管理体系中进行全盘统筹，因此要求各项知识产权行政执法工作都必须着眼于规范和维护市场秩序，以及营造诚实守信、公平竞争的市场环境，从而为知识产权行政执法的全局性、统一性和高效性奠定坚实基础，并从体制基础上为两法间的信息衔接提供坚实的支撑。第三，商标、专利、原产地地理标志管理的集中统一，不仅仅是部门之间的调整和改革，同时不可避免地需要对不同种类知识产权的管理标准和制度进行统一完善，唯有如此才能真正实现为两法之间的有效衔接提供充分的保障。第四，我国知识产权的行政执法采行政与执法分离的模式，为了解决协调性和专业性问题，需要明确彼此的权力内容和权力界限，以及统一的执法标准、制度；同时确立在重大、复杂、疑难案

---

① "中国知识产权行政管理迎来新格局——简析国家机构改革对知识产权行业的影响"，载http://www.dooland.com/magazine/article_ 993239.html，访问时间：2018 年 9 月 2 日。

件中联合专业管理部门共同执法的相关机制，从而有效提高知识产权行政执法的水平和能力，并为两法之间的信息衔接提供有力支持。

（二）两法间不同证明机制在两法信息衔接中的疏与密

对于知识产权案件而言，由于行政处罚的门槛要低于刑事制裁，因此刑事司法的证明机制要比行政执法的证明机制严格。二者之间证明机制的差异不仅体现在证据收集、保管等的程序方面，同时也体现在对证据资格的审查和证明价值的评判等实质方面。由于知识产权行政执法或行政保护更关注纠纷处理上的快捷性，因此其对于证据的收集和保全就相对要粗疏一些，现行的行政规范也欠缺有关证据收集、保管的明确规定。实践中知识产权行政执法机关在收集、保管证据时往往不作清晰的归类整理，将证人证言、视听资料、进货记录、赃款、销售单据等不同类别、不同证明对象的证据混杂在一起；同时也未能对有关证据进行科学合理的固定和保全，使得很多有价值的证据出现了不必要的污染、损坏和灭失。这样一来使得证明材料的移交出现了疏漏和偏差，导致两法之间的信息难以实现有效衔接，两法之间的证据转化也出现了重重困难。

两法间证明机制的较大差异导致材料移送出现疏漏和偏差，有待两法协力调整和改革，从而弥补因此而在网络知识产权案件中出现的移送疏漏。第一，根据证据类型进行有序收集、保管和移交。为了改变行政执法机关不区分证据类型的收集、保管和移交的现状，笔者建议按照我国刑事诉讼法规定的八种证据类型分类收集、保管和移交。所有的证据按照物证，书证，证人证言，被害人陈述，犯罪嫌疑人、被告人供述和辩解，鉴定意见，勘验、检查、辨认等笔录，视听资料、电子数据的划分来整理移交。尤其是对于网络知识产权案件中占有重要地位的电子证据，更应注重独立建档、专人负责，避免出现疏漏和错误。这种分类收集、保管和移交的方式也使司法机关可以根据证据类型的不同适用不同标准确认和评判其所移交证据的资格和效力。第二，对于涉罪案件在收集、保全证据出现困难时，可以请求公安机关提前介入或建议与公安机关、检察机关联合采取行动。当公安机关接到行政执法机关提前介入的请求或联合行动的建议后应立即作出决定，如决定提前介入或联合行动，就应帮助和指导行政执法机关按照刑事司法证明机制的要求收集、保全相关证据,特别是在电子证据的勘验、保全、鉴定等方面提供必要的技术帮助和法律支持,从而减少和消除两法之间对此类证据的信息衔接和证据转化的障碍。第三,公安机关、检察机关通过两法之间的其他信息衔接机制发现行政执法机关处理的案件涉嫌犯罪的,有权提前介入或实施联合行动,从而为后续的司法审判搭建起证据直通车,确保两法之间信息衔接的畅通性和证据转化的有效性。第四,建立科学合理的网络知识产权技术辅助机制。在网络知识产权案件中常常会遇到专门性的技术问题需要专业人士给予解读和判断,如何保证在网络知识产权案件中两法之间于专家资格、解读依据、解读程序等方面达成共识,避免出现重复解读、错误解读、解读不能等负面情形就成为两法在网络知识产权案件中信息衔接和证据转化的重点任务之一。笔者建议可以由司法机关和行政执法部门根据网络知识产权案件类型不同共同拟定相应的专家库并予以公布,并根据审判的要求为行政执法提供具体指导和帮助的专家证据运用指南。这样一来无论是行政执法机关还是刑事司法机关在处理网络知识产权案件时,都可以依据这一专家库和相关的指南由双方当事人从中协商挑选三到五名专家对案件所涉的专业技术问题进行规范操作并提出合理的分析意见。第五,规范行政执法机关的证据收集和保全工作。由于行政执法机关奋战在抗击网络知识产权侵权的最前线,需要很强的灵活性和快捷性,不可能为其设置像司法审判那样严格的证据收集和保全规范,但是其收集和保全证据的程式也不能过于粗陋、随意,减少和避免出现信息衔接和证据转化的阻塞。因此行政执法机关的证据收集和保全规范既要简捷、易行,同时也不能出现审判中证据资格上的实质缺陷。

(三) 案件移送标准和程序在两法信息衔接中的困与解

案件移送标准和程序的不足为材料的顺利移交设置了不小的困难和障碍,刑法中虽专节规定了侵犯知识产权犯罪,但是在罪与非罪的界限、此罪与彼罪的划分上都比较模糊,使得行政执法部门在具体执法的过程中出现循据困难。虽然司法解释进行了一定程度的细化工作,但是在实践中连司法部门都难以适从,更何况是行政执法部门。因此我们有必要对现有的困局进行深入研究,并努力探寻合理的化解方案。

第一，改进刑事立法技术，使模糊的罪与非罪界限清晰化。我国当前的有关刑法规定与知识产权法规定不衔接，导致罪与非罪的界限不明。以著作权为例，《刑法》第 217 条规定了四种构成侵犯著作权犯罪的行为方式，这是根据 1997 年适用的著作权法而作出的规定。但是著作权法自 1991 年产生以来，已经历了三次修订，2012 年修订的《著作权法》第 48 条规定规定了 8 种侵犯著作权"构成犯罪的，依法追究刑事责任"的行为方式（参见表 5 - 3），但是刑法并未跟上著作权法修订的步伐而作出修改，不仅未涉及新的权利客体，同时也未对新的侵权手段，即数字网络手段作出规定。罪与非罪的标准缺失，使得行政执法机关对于刑法尚未规定的侵权案件拥有了很大的自由裁量权，移送者少，以罚代刑者多。

表 5 - 3　《刑法》与《著作权法》中侵犯著作权的犯罪行为方式对比

| | 《著作权法》第 48 条 | | 《刑法》第 217 条 |
|---|---|---|---|
| 1 | 未经著作权人许可，复制、发行、表演、放映、广播、汇编、通过信息网络向公众传播其作品的； | 1 | 未经著作权人许可，复制发行其文字作品、音乐、电影、电视、录像作品、计算机软件及其他作品的； |
| 2 | 出版他人享有专有出版权的图书的； | 2 | 出版他人享有专有出版权的图书的； |
| 3 | 未经表演者许可，复制、发行录有其表演的录音录像制品，或者通过信息网络向公众传播其表演的； | | |
| 4 | 未经录音录像制作者许可，复制、发行、通过信息网络向公众传播其制作的录音录像制品的； | 3 | 未经录音录像制作者许可，复制发行其制作的录音录像的； |
| 5 | 未经许可，播放或者复制广播、电视的； | | |
| 6 | 未经著作权人或者与著作权有关的权利人许可，故意避开或者破坏权利人为其作品、录音录像制品等采取的保护著作权或者与著作权有关的权利的技术措施的； | | |

续表

| 《著作权法》第 48 条 | | 《刑法》第 217 条 | |
|---|---|---|---|
| 7 | 未经著作权人或者与著作权有关的权利人许可，故意删除或者改变作品、录音录像制品等的权利管理电子信息的； | | |
| 8 | 制作、出售假冒他人署名的作品的。 | 4 | 制作、出售假冒他人署名的美术作品的。 |

2011 年 1 月最高人民法院、最高人民检察院、公安部、司法部联合发布的《关于办理侵犯知识产权刑事案件适用法律若干问题的意见》第 13 条对通过信息网络传播侵权作品行为的定罪标准作出了具体化规定，① 在一定程度上弥补了《刑法》的不足。但是刑事立法技术的改进势在必行，在刑法中以空白罪状形式授权有关的知识产权法律、法规明确具体的罪状，实现刑法与知识产权法的有效衔接；同时继续发挥司法解释的灵活性，以适应我国知识产权战略的推进和知识产权案件的新变化。

第二，解决知识产权犯罪与非知识产权犯罪罪名区分上的适法困难。由于在实践中对非法经营罪、侵犯著作权罪、销售侵权复制品罪的错误解读，导致在行政执法过程中，执法人员认为非法经营罪较侵犯著作权罪更容易构成②，因此不少地区的知识产权行政执法部门以非法经营罪向公安机

---

① 第 13 条规定："以营利为目的，未经著作权人许可，通过信息网络以上的向公众传播他人文字作品、音乐、电影、电视、美术、摄影、录像作品、录音录像制品、计算机软件及其他作品，具有下列情形之一的，属于刑法第二百一十七条规定的'其他严重情节'：（一）非法经营数额在五万元以上的；（二）传播他人作品的数量合计在五百件（部）的；（三）传播他人作品的实际被点击数达到五万次以上的；（四）以会员制方式传播他人作品，主持会员达到一千人以上的；（五）数额或数量虽未达到第（一）至第（四）项规定标准，但分别达到其中两项以上标准一半以上的；（六）其他严重情节的情形。实施前款规定的行为，数额或者数量达到前款第（一）项至第（五）项规定标准五倍以上的，属于刑法第二百一十七条规定的'其他特别严重情节'。"

② 实践中有很多人认为，非法经营罪与侵犯著作权犯罪相比较更容易构成。因为只要非法从事出版、印刷、复制、发行业务的，严重扰乱市场秩序，个人经营数额达到 5 万元以上，或者违法所得数额 1 万元以上的，单位非法经营数额 50 万元以上，或违法所得数额 10 万元以上的，即构成非法经营罪。而对于侵犯著作权犯罪而言，则要通知著作权人查看实物，确认其对非法出版物或复制品等具有著作权，行为人要以营利为目的，同时其违法所得数额 3 万元以上或非法经营数额 5 万元以上者，才能构成侵犯著作权罪。销售侵权复制品的，个人违法所得数额 10 万元以上，单位违法所得数额 50 万元以上的，才能构成销售侵权复制品罪。因此有很多人认为比较下来，非法经营罪的门槛最低，但是法定最高刑却相对高，当不能构成知识产权犯罪的，可以采取一种变通的方法，即以非法经营罪定罪处罚，同时较重的处罚还可以有力打击知识产权的侵权犯罪。

关移送案件。即便有些地方的知识产权行政执法部门以"侵犯知识产权犯罪"移送，公安机关往往以"非法经营罪"来处理。例如，2006 年 11 月北京市版权局在一家贩卖盗版音像制品的商店里缴获了一万多张的盗版光碟，然后以涉嫌构成"侵犯著作权罪"移送公安机关后，由于公安机关只核查出其中 240 件制品未获授权，不符合 500 件的立案标准，因此只能将这些行政执法部门查缴的音像制品认定为非法出版物，以"非法经营罪"来处理。然而非法经营罪并不是对著作权施以刑事保护的适当手段，它不应该立足于著作权的刑事保护领域，也不应成为知识产权刑事保护领域的"口袋罪"。因为非法经营罪这个"盾"是为了对抗违反国家有关许可经营的规定从事某种经营活动或滥用经营资格的经营行为这个"矛"的；而侵犯著作权罪是为了有效打击侵犯著作权的行为，更有力地保护著作权，平衡著作权人利益和社会公共利益的。如果对于侵犯著作权的行为一味地以非法经营罪来处理，不仅不能提高职权部门（包括行政执法部门和司法部门）处理知识产权案件的执法能力和执法水平，同时也使得职权部门和普通大众很难树立起保护知识产权的意识和理念。

虽然 2007 年最高人民法院、最高人民检察院发布的《关于办理侵犯知识产权刑事案件具体应用法律若干问题的解释（二）》（以下简称解释二）第 2 条第 3 款对此种情况作出规定："非法出版、复制、发行他人作品，侵犯著作权构成犯罪的，按照侵犯著作权定罪处罚。"不再以非法经营罪定罪处罚。但适用此款规定必须满足"侵犯著作权构成犯罪"的前提条件，如无证据证明侵犯著作权的，仍会以非法经营罪定罪处罚。然而在司法实践中追诉机关将查获的大量侵权作品逐个举证证明其侵犯著作权是非常困难的，所以此类案件大多数仍以非法经营罪处理，以义乌法院为例，其 2007 年至 2010 年仅有一起案件是以侵犯著作权定罪处罚的。[①] 2011 年 1 月最高人民法院、最高人民检察院、公安部联合发布的《关于办理侵犯知识产权刑事案件适用法律若干问题的意见》（以下简称《意见》）第 11 条规定，在涉案作品种类众多

---

① 李小坚、王献华："侵犯著作权刑事案件骤增原因分析及对策建议"，载 http：//www. jhcourt. cn/NewShow. aspx？ id ＝5563，访问时间：2012 年 10 月 20 日。

且权利人分散的案件中，"未经著作权人许可"的举证责任倒置给了出版者和复制发行者，即只要"有证据证明涉案复制品系非法出版、复制、发行的"，就由出版者、复制发行者从反面提供其已获得著作权许可的相关证明材料，否则就可认定为"未经著作权人许可"，也就可以认定为"侵犯著作权"，这样一来此类案件以"侵犯著作权罪"定罪处罚的证据障碍就大大减少。自《意见》颁布实施后，各地法院以侵犯著作权审结的案件数量大幅增长，以义乌法院为例，2011 年上半年以侵犯著作权审结的案件达到 43 起，[①]远远超过了 2007 年至 2010 年的 1 起案件。

第三，将侵权物品价值的不同计算标准予以统一化。侵权物品价值的计算标准不统一，也导致两法之间信息衔接不畅。2004 年 11 月最高人民法院、最高人民检察院发布的《关于办理侵犯知识产权刑事案件具体应用法律若干问题的解释》（以下简称《2004 解释》）第 12 条规定了三种计算侵权物品价值的方法。第一种是已销售的侵权产品的价值计算方法，即"按照实际销售的价格计算"。第二种是制造、储存、运输以及未销售的侵权产品的价值计算方法，要求"按照标价或者已经查清的侵权产品的实际销售平均价格计算"。第三种是未标价或者查不出其实际销售价格的侵权产品价值的计算方法，应"按照被侵权产品的市场中间价格计算"。对于已经售出的侵权产品而言，无论是行政执法部门还是司法部门一般不会出现偏差，对于有明确标价以及实际销售价格容易查清的简单案件，两法也基本上没有太大的差异，但是对于没有标价以及实际销售均价难以确定的复杂案件，两法之间就会出现不小的差异。这是由于行政执法部门执法手段有限，在实践中确定侵权产品的标价以及查清侵权产品实际销售的平均价格方面存在较大的难度，所以行政执法部门对此类情况一般以被侵权物品的市场中间价格来计算侵权产品的价值，即所谓的"以真论价"，其结果是侵权物品价值很高昂；而公安机关为了保障以后不会被退回补充侦查，或者撤销案件，往往会以侵权物品的实际价值来计算侵权物品的价值，即"以假论价"，其结果是侵权物品价值

---

① 李小坚、王献华："侵犯著作权刑事案件骤增原因分析及对策建议"，载 http://www.jhcourt.cn/NewShow.aspx? id = 5563，访问时间：2012 年 10 月 20 日。

很低廉。①

　　计算标准不一无疑会导致行政执法部门移送的多数案件达不到刑事追诉标准，而被公安机关退回，最终造成很多行政执法部门干脆不移送以行政处罚作出处理。而且无论是行政处罚还是刑事处罚都具有威慑的效应，如果确立的处罚依据不能发挥威慑的最优效应②，既浪费了执法司法资源，同时也不能将处罚的打击与预防效应发挥出来，当然也就很难对知识产权提供有效的保护。因此笔者建议无论是行政执法部门还是刑事司法部门都统一依照被侵权产品的市场中间价格计算侵权物品的价值，即统一采用"以真论价"标准。

　　第四，化解移送程序不畅所致的两法信息衔接受阻。在行政执法部门将案件移送给公安机关后，公安机关要对移送材料进行审查，但是在审查的期限上却存在不同的规定，致使两法衔接受阻。《关于在行政执法中及时移送涉嫌犯罪案件的意见》中规定审查期限为 10 日或 30 日，但是在《关于在打击侵犯著作权违法犯罪工作中加强衔接配合的暂行规定》和《关于在打击侵犯商标专用权违法犯罪工作中加强衔接配合的暂行规定》中则规定审查期限为 3 日。在地方规章中审查期限的规定也是不尽相同。因此应统一立案前的审查时限，一般为 10 日，案件重大、疑难的，可以延长为 30 日。

**二、联席会议工作机制**

　　根据 2000 年公安部、国家工商行政管理总局、国家知识产权局联合下发的《关于在查处侵犯知识产权违法犯罪案件中加强协作配合的通知》的要求和精神，公安部经济犯罪侦查局于 2000 年 5 月 23 日发起召开了由国家知识产权局协调管理司、公安部经济犯罪侦查局和国家工商行政管理总局商标局、公平交易局联合参加的首届知识产权保护工作联席会议。之后的 2002 年和

---

　　① 公安机关在实践中常常会遇到一些尴尬情况，有的是在移送检察机关之后查清了侵权物品实际销售的平均价格，有的是在法庭审理阶段查清了侵权物品的实际销售价格，如果公安机关以被侵权物品的市场中间价格计算的话，即"以真论价"的话，极有可能导致案件被退回补充侦查，甚至撤销案件。参见叶家平："知识产权行政执法与刑事司法衔接中若干问题研究"，载《科教文汇》2007年第 4 期。

　　② "威慑的最优效应点"，在该点上，每单位资源投入的成本（边际成本）和该投入所产生的效益（边际收益）相等，如果每单位资源投入的成本大于该投入所产生效益的，则不能产生威慑的最佳效应。参见卢建平、苗淼："刑罚资源的有效配置"，载《法学研究》1997 年第 2 期。

2003 年的联席会议按照各方轮流主持的原则，分别由国家工商行政管理总局和国家知识产权局协调管理司发起承办。① 至 2005 年，参加联席会议的成员单位中除了原有的国家工商行政管理总局、公安部经济犯罪侦查局和国家知识产权局外，增添了新的成员，即最高人民法院刑事审判第二庭和最高人民检察院侦查监督厅，这样参加联席会议的成员主要由四部分构成：知识产权行政管理机关、侦查机关、审判机关以及检察机关。

随后地方上也相继建立起知识产权保护的联席工作会议机制，以加强本地知识产权行政执法和司法保护的协调与衔接，并逐渐将其常态化。例如，湖北省武汉市是全国较早建立全市知识产权协调机制的，根据 2002 年 8 月武汉市人民政府办公厅印发的《关于加强全市知识产权协调工作的意见》，武汉市正式建立起联席会议制度，定期召开知识产权工作会议。② 上海普陀区于 2005 年 4 月 13 日召开了本区第一次知识产权联席会议，标志着知识产权保护的联席会议制度正式在本区成立。③ 上海黄浦区于 2005 年 7 月 18 召开第一次联席工作会议，明确了知识产权联席会议的工作职责，并提出要准备形成区知识产权联席会议、区知识产权工作协调小组和区知识产权工作联络员三级工作网络，大力创新本区知识产权工作的协调机制。④

知识产权保护中的联席会议机制是由相关部门主要负责人联合参加，实现各部门之间良性互动和有效协调的"一体化"工作机制，既可有针对性地采取系统化措施，及时解决知识产权执法与司法工作中出现的突出、疑难问题，同时也可促进办案经验的充分交流和案件信息的有效沟通，因此该机制在我国当前知识产权行政执法与司法保护的衔接中发挥着重要作用。联席会议机制的主要工作内容大致包括以下几方面。

---

① "专利行政执法"，载 http：//www. sipo. gov. cn/gk/ndbg/2001/200804/t20080401 _ 364381. html，访问时间：2012 年 10 月 3 日。

② "市人民政府办公厅关于加强全市知识产权协调工作的意见"，载 http：//www. whipb. gov. cn/article. do？aid＝2509，访问时间：2012 年 10 月 3 日。

③ "普陀区建立知识产权联席会议制度"，载 http：//www. sipa. gov. cn/gb/zscq/nodel/node76/node88/userobject1 ai3884. html，访问时间：2012 年 10 月 3 日。

④ "上海市黄浦区知识产权联席会议召开第一次工作会议"，载 http：//www. sipa. gov. cn/gb/zscq/nodel/node76/node89/userobject1 ai3909. html，访问时间：2012 年 10 月 3 日。

第一，通报办案情况和工作经验交流。各部门要及时通报本部门有关知识产权保护工作的开展情况，以及重大的知识产权案件的查处情况，并按照互相配合、互相支持的原则开展经常性的知识产权保护工作实践经验的交流，从而不断提高我国知识产权行政执法的水平和司法保护的能力。联席会议在每年召开一次的基础上，可以根据需要临时召开，对有关问题进行专题研究，及时解决。

第二，重大疑难案件的研究、会诊。由于知识产权违法犯罪案件本身就很复杂，加之现代网络技术的广泛应用，使得相关知识产权违法犯罪案件的查办越来越复杂、越来越困难，因此联席会议机制中就设置了成员单位针对重大疑难案件的研究、会诊机制，以便各部门之间能够取长补短，实现案件信息的畅通衔接、各方执法措施的协调配合，从而在面对重大疑难案件时，各部门能够联合起来形成一体化、系统化的保护体系，大大提高了我国知识产权保护的能力和水平。

第三，联合办案。无论是知识产权行政管理机关，还是司法机关在执法司法工作中发现重大案件线索的可以提请召开临时联席会议，必要时也可以邀请其他有关执法机关参加会议，共同商讨和研究，确定有效的打击措施，开展联合打击活动，共同查处相关知识产权案件。

第四，相关业务培训。各部门之间要加强业务培训方面的合作和交流，可以通过交叉授课、共同举办典型案例分析会议等多样化的方式，对工作人员进行全面有效的业务培训，不仅要增强本部门工作所必需的业务知识学习和业务能力提高，同时也要注重增加各部门对其他有关部门领域的业务知识的了解和学习，只有互相了解、互相支持才能大大提高各有关部门的办案与执法协作水平。

第五，设置联络员。各成员单位确定一名联络员，主要负责收集、整理本部门在查办有关案件时掌握的重要信息资料，认真调查、及时发现本部门在两法衔接中存在的薄弱环节和疑难问题，并可对此提出改革方案和建议措施。

第六，制定和完善相关制度。联席会议的成员单位可以针对当下两法信息衔接中存在的重大、突出问题（如当前案件移送中存在的问题）一同探讨、研究，结合实践经验制定和完善相关制度，建立、完善工作标准和衔接程序，努力减少和消除两法在信息衔接中可能出现的摩擦和冲突，从而逐步从制度上保证各部门之间的协调执法和有序合作。

尽管各地已经建立起联席会议的工作方式，知识产权行政管理机关、侦查机关、审判机关、检察机关定期召开工作会议，并指派联络员展开具体工作。但是联席会议的工作机制仍然在很大程度上欠缺规范性和系统性，通报的内容和范围、经验交流的方式和实践、会诊的内容和模式、培训的内容和形式等都带有很大的随意性和不确定性，缺乏长效机制和规范约束；而且一年只召开一到两次联席会议也很难应对知识产权案件，尤其是网络知识产权案件数量暴增的局面。

### 三、联合行动机制

知识产权行政执法机关、司法机关在知识产权保护工作中可以根据实际办理案件的需要，共同开展专项行动，从而有力加强相互的支持和协助。既可以通过召开临时联席会议的形式展开有效的联合打击工作，也可以通过其他互相协助的方式完成联合办案的任务，如公安机关、检察机关在查处知识产权犯罪案件过程中，可以通过知识产权行政管理机关的协助监控进出境物品或进出口货物，提供有关的保管单证或统计信息、专业技术信息等；知识产权行政执法机关也可就自己受理的重大知识产权案件的性质向检察机关侦查监督部门进行法律咨询，以解决是否将相关案件移送公安机关的问题。

尽管联合办案可以较大程度地减少两法之间信息衔接的一些摩擦和矛盾，形成较大的集体合力，但是当前的联合办案机制主要适用于全国范围内、规模比较大的联合行动，对于地方各级知识产权行政执法机关与司法机关之间的联合行动则缺少有效的机制，因此对于这种适用范围非常狭窄的工作机制，其效用的有限性也是可想而知的。①

在美国联合办案的方式尽管也取得了突出的成绩，如美国 2002 年破获的约翰·桑卡斯（John Sankus Jr.）案中，集团领导桑卡斯的落网就是美国司

---

① 参见曹新明、梅术文：《知识产权保护战略研究》，知识产权出版社 2010 年版，第 284 页。

法部、美国海关以及弗吉尼亚东区检察官联手实施的一项代号"海盗"的联合行动成果之一。尽管桑卡斯的落网打掉了一个较大规模的犯罪集团，但是这种联合行动的方式仍有较大局限性，这是因为联合行动往往针对的都是一些大案、要案，而很多网络知识产权犯罪组织并未达到桑卡斯集团的规模，大量不断涌现的地下组织行动飘忽不定，经营规模不大，但是这些组织在网络知识产权犯罪领域中却是常态，对于社会经济秩序的破坏性也并不比大规模的犯罪集团低，然而这些常态的地下组织并非联合行动打击的对象，联合行动所具有的作用也就因此大打折扣。

**四、通报备案机制**

为了实现知识产权行政执法部门与司法部门之间的信息衔接，全国和地方陆续建立起了通报备案的联合执法机制。现有的通报备案机制大致包括以下四种方式，第一，知识产权行政执法部门和司法部门可以通过定期的联席会议形式通报相关知识产权案件的办理情况，即知识产权行政执法部门将本部门查处、移送知识产权违法犯罪案件的情况向司法部门通报；司法机关则将本部门立案、侦查、批捕、起诉、审判的知识产权犯罪案件情况向有关的知识产权行政执法部门通报。第二，知识产权行政执法部门在立案、查处知识产权违法案件过程中，将其立案决定抄送公安机关、检察机关备案，将查处情况通报有关职能部门，如作出行政处罚的，应将行政处罚决定抄送检察机关备案。第三，知识产权行政执法部门对于有明显犯罪嫌疑的屡次侵权者，应将其相关案件情况和重要信息及时通报同级公安机关；知识产权行政执法部门在执法工作中或在与其他相关部门的协调会商中发现或掌握了涉嫌侵犯知识产权犯罪案件线索或证据材料的，应及时通报和移送给有管辖权的公安机关。第四，知识产权行政执法部门将有犯罪嫌疑的侵权案件移送公安机关后，应将案件移送情况抄送检察机关备案。

从上述内容可见，通报一般是双向的，即知识产权行政执法部门与司法部门之间对于侵犯知识产权案件的办理情况都互有通报；而备案则基本是单向的，即一般只有知识产权行政执法部门将案件的办理情况向司法部门抄送备案，而且当知识产权行政执法部门将犯罪案件的全部材料移送公安机关后自身也不对相关案件进行备案。尽管通报备案制可以很大程度上缓解两法之间信息阻塞的不利局面，令两法之间的协调工作做到有的放矢、灵活便利，但是由于缺乏关于通报备案的范围、标准、程序、责任等的明确规定和统一要求，使得这一工作机制欠缺规范性和协调性而难以发挥其应有的效用。

**五、信息资源共享机制**

在知识产权行政执法与刑事司法信息衔接工作中运用先进的科技手段，实现执法信息和资源的共享，为全国及地方各级知识产权行政执法机关与司法机关之间架起一座信息沟通和资源分享的桥梁，发挥出案件信息的流程跟踪和监控功能、及时反馈功能、案件的网上办理和交接功能、执法动态的沟通和业务研讨功能、咨询统计分析功能、法律法规库功能等，从而增强了知识产权行政执法机关与刑事司法机关团体工作的合力，也大大提升了我国知识产权保护的水平和能力。信息资源共享工作机制的主要内容包括数据共享平台、技术资源共享和案件备案共享三个方面①。

第一，数据共享平台，是检察机关会同公安机关和知识产权行政执法机关探索建立的高效办公及信息共享平台，以网络技术流转的办公模式代替传统的工作模式。② 既可大幅提升两法之间案件流转的畅通性和信息查询的便利性，进一步消除"信息孤岛"的不利影响；同时也预防和减少了以罚代刑的情形，大大保证了知识产权行政执法过程中查办的涉嫌犯罪案件的及时移交。例如，上海市于2008年建立了信息共享平台，知识产权行政执法机关作出行政处罚后就可以把案件信息通过信息共享平台及时快速地移送给公安机关和检察机关，从而使两法衔接工作更便捷、更规范、更透明。在2008年至2011年期间，上海市嘉定区人民检察院就通过这一"两法衔接"的信息共享平台建议本辖区内知识产权行政执法机关向公安机关移送涉嫌知识产权犯罪案件85件，涉案人数达110人，法院已对其中66人作出了判决，所判刑罚

---

① "试论行政执法与刑事司法衔接工作的完善"，载《江苏经济报》2009年7月16日。
② 在网络链路的选择上支持多种组网方式，但目前使用的大致有三种：第一种，利用现有的电子政务内网实现知识产权行政执法部门与刑事司法部门之间的数据共享；第二种，采用互联网＋VPN的方式，实现知识产权行政执法部门与刑事司法部门的安全登录；第三种，有条件的地区使用数据专线的方式，在安全角度下实现宽带资源共享。

中最高的被判处无期徒刑并剥夺政治权利终身。[1]

第二，技术资源共享，是为了消除知识产权行政执法部门与刑事司法部门之间的知识罅隙而确立的一种工作机制，既可充分发挥两法各自的专业优势，实现两法之间互相辅助、互相支持，同时也可以避免资源浪费，工作重复，效率低下。知识产权行政执法部门和刑事司法部门也可以将自己掌握的所有技术资源通过数据共享平台实现共享，为两法所作出的专业性结论达成共识提供科学、可靠的技术支持。例如，上海市嘉定区人民检察院自2008年以来就致力于两法之间技术资源共享的建设，在案件处理中需要专业检验、鉴定时，努力推动两法密切协作，整合运用两法各自的执法技术资源，以保证检验、鉴定数据的可靠性、完整性和权威性。[2]

第三，案件备案共享，是为了消除知识产权行政执法部门和刑事司法部门之间的职业壁垒，将案件信息的通报及备案通过数据共享平台在网络上予以公开发布，利用现代的网络技术连贯两法形成完整的知识产权保护链条。如果要使涉嫌知识产权犯罪的案件能够在知识产权行政执法部门与刑事司法部门之间实现顺利流转和依法处理，就应首先使得案件信息能够在两法之间实现互通有无。在处理侵犯知识产权案件的流转过程中，知识产权行政执法部门一般处于上游部分，具有一定的信息优势，但是长期以来我国知识产权行政执法部门习惯于封闭运作。而身处流转过程下游部分的司法机关对于行政执法机关所掌握的涉案信息则难以掌握，对其的监督和指导也就难以实施，因此导致了很多涉嫌犯罪的案件以罚代刑，或即便部分进入司法程序的案件也因行政执法机关迟延移交而错过了侦查取证的良好时机，大大降低了我国知识产权的刑事司法保护水平和能力[3]。

信息共享机制如要实现前述几大功能，既需要技术的有力支持，同时也需要具备制度化的保障，然而现实情况却不尽如人意。我国在信息共享平台

① "上海嘉定开展'两法衔接'信息共享平台专项检查活动"，载 http://www.jcrb.com/procuratorate/jckx/201208/t20120828_935220.html，访问时间：2012年10月5日。

② "嘉定检察院探索建立多项机制推进'两法衔接'前移监督关口 促进依法行政"，载 http://law.eastday.com/dongfangfz/2010dffz/fzxw/u1a63079.html，访问时间 2012年11月3日。

③ 徐芳："略论'两法衔接'工作中信息共享平台建设"，载 http://www.ahfxh.org.cn/news_detail.asp?id=2643，访问时间：2012年11月2日。

实际操作中大多采用如下方式，即知识产权行政执法机关将自己手里掌握的涉嫌犯罪的案件信息录入信息平台上，之后通过这个信息平台检察机关可以督促行政执法机关将确系犯罪的案件移送到公安机关，或公安机关要求行政执法机关移送确系犯罪的案件，然后有关的行政执法机关及时地通过信息平台将涉罪案件移送给公安机关进行侦查。从中我们可以看出当前的信息共享机制存在着不少问题，一是缺乏录入的明确规范，现实操作中就有不少行政执法机关存在选择性录入、虚假性录入的问题，在案件信息的录入方面存在很大的主观随意性；二是缺乏监督和责罚，实践中有些地方虽有信息共享平台，但是甚少使用，或是录入信息量少得可怜，而且久未更新，导致信息共享平台流于形式，难有实效和权威。

### 六、提前介入机制

由于知识产权行政执法机关缺乏强制措施，如果在执法活动中遇到干扰执法、取证困难等问题时，知识产权行政执法机关就难以及时采取一些有效措施，如控制嫌疑人等方式以收集获取更多有价值的犯罪证据，而即便这些证据支撑不力的涉嫌犯罪案件移送至公安机关后，公安机关也会因为证据不足而无法立案，或错失取证的最佳时机而难以侦查办理，因此全国和地方就探索确立了提前介入机制。实际上提前介入机制并非知识产权领域的独创，在对抗涉黑组织犯罪案件、重大犯罪集团案件等时就已提出了提前介入机制，但是这种提前介入机制指的是检察机关在公安机关提请批捕和移送起诉之前就介入案件的侦查活动中。但是侵犯知识产权案件办理中的提前计入机制不仅包括检察机关提前介入公安机关的侦查活动，同时还包括公安机关提前介入知识产权行政执法机关的执法活动。例如，上海市嘉定区在 2008 年后就逐步确立起提前介入机制，知识产权行政执法机关会在发现涉嫌犯罪线索后第一时间与区检察院及公安分局沟通联系，公检系统派员提前介入行政执法活动，辅助行政执法机关获取更多有价值的证据，大大弥补了行政执法机关执法力量和措施的不足。① 但是由于关于介入的时机、介入的范围、介入的程

---

① "嘉定检察院探索建立多项机制推进'两法衔接'前移监督关口 促进依法行政"，载 http://law.eastday.com/dongfangfz/2010dffz/fzxw/u1a63079.html，访问时间：2012 年 11 月 3 日。

序等问题都缺乏明确的规范,因此提前介入机制的具体实施就难免出现较为混乱的局面,在一定程度上削弱了该工作机制预期的效用。

## 第三节 网络知识产权诉讼中两法之间的证据转化

行政执法机关在查处知识产权侵权案件的过程中,如果发现有犯罪嫌疑的,就需要向公安机关进行移交,而在移交的过程中就会发生行政证据与刑事证据之间转化的问题。自 2001 年 4 月《关于整顿和规范市场经济秩序的决定》[①]、2001 年 7 月《行政执法机关移送涉嫌犯罪案件的规定》[②] 颁布以来,中央国家机关先后颁布了不少关于"两法衔接"的规范文件,如最高人民检察院 2001 年 12 月制定的《人民检察院办理行政执法机关移送涉嫌犯罪案件的规定》[③],2004 年 3 月最高人民检察院、全国整顿和规范市场经济秩序领导小组办公室、公安部联合发布的《关于加强行政执法机关与公安机关、人民检察院工作联系的意见》[④],2006 年 1 月最高人民检察院、全国整顿和规范市场经济秩序领导小组办公室、公安部、监察部联合颁行的《关于在行政执法中及时移送涉嫌犯罪案件的意见》[⑤] 等,主要规定了行政执法机关在处理行政违法行为时对涉嫌犯罪的依法向刑事司法机关移送案件的问题,以及两法之间执法衔接和工作协调的问题,而对于两法之间证据转化的问题却甚少涉及。2011 年 1 月最高人民法院、最高人民检察院、公安部、司法部共同颁布的《关于办理侵犯知识产权刑事案件适用法律若干问题的意见》对行政执法

---

① 首次提出要加强行政执法与刑事司法之间的衔接,建立行政部门与刑事司法部门之间的信息共享机制,并要求加强检察机关对行政机关的监督。

② 初步规定了行政机关将涉嫌犯罪的案件移送至公安机关的标准、程序、管辖、时限以及责任等。

③ 主要规定了检察机关对于行政执法机关移送的涉嫌犯罪的案件应依法受理、审查、立案、复议等。

④ 主要规定了加强执法衔接各有关部门的工作联系,并强调各级整规办在执法衔接中的协调作用。

⑤ 主要规定了行政执法机关对应移送的案件应做好证据的保存和相关材料的移送;对疑难复杂的重点案件可向公检机关咨询,必要时可商请公安机关提前介入;在查办违法犯罪案件工作中,公安机关、监察机关、行政执法机关和人民检察院应当建立联席会议、情况通报、信息共享等机制。

部门收集、调取证据的效力作出了初步规定,① 即除了行政执法机关对证人证言、当事人陈述等言词证据制作的调查笔录在必要的时候由公安机关重新收集制作外，其他的证据种类经过公安机关、检察机关审查、法庭质证确认后都可以作为刑事证据使用，但是审查的依据是什么，质证、认证的依据是什么，公安机关重新制作的标准又是什么，这些问题在该规范性文件中仍然未予明确。2012 年新修订的《中华人民共和国刑事诉讼法》第 52 条第 2 款规定，行政执法机关执法过程中收集的书证、物证、电子数据、视听资料等证据材料，可以作为刑事证据使用，但是对于行政执法机关收集的言词证据的效力却未作出明确规定，同时也未明确其所列举的四种证据如何转化，列举之外的其他证据又是否可以转化、如何转化。因此可以说当前在网络知识产权案件中两法之间证据转化还难免会存在操作不规范、不统一的问题，有必要继续深入探讨，同时在探讨这一问题时还必须考虑到网络知识产权刑事司法在取证方面存在的困难，因此行政证据向刑事证据转化的门槛不能设定得过高。

### 一、知识产权案件中两法之间证据转化的含义及类型

一般认为知识产权案件中两法之间证据转化就是指证据能力从无到有的转化，笔者认为除此之外，还应该包括证据能力从不足到补正的转化，以及证据效力有无与大小之间的转化。这是因为知识产权行政执法与刑事司法的证明机制存在着不小的差异，两法在证据的收集、保全、运用的程序、形式、标准等方面都会有或多或少的不同，所以知识产权行政执法机关在行政执法过程中收集获取的证据并不必然在刑事诉讼中具有证据能力或具有完全的证据能力，即便具有了证据能力，其效力在行政执法与刑事司法之间也会有所不同，需要转化机制重新予以评判。所以知识产权案件中两法之间的证据转化可以大致划分为两类：一是证据能力的转化，其中又可细分为证据能力有

---

① 《关于办理侵犯知识产权刑事案件适用法律若干问题的意见》第 2 条规定："关于办理侵犯知识产权刑事案件中行政执法部门收集、调取证据的效力问题：行政执法部门依法收集、调取、制作的物证、书证、视听资料、检验报告、鉴定结论、勘验笔录、现场笔录，经公安机关、人民检察院审查，人民法院庭审质证确认，可以作为刑事证据使用。行政执法部门制作的证人证言、当事人陈述等调查笔录，公安机关认为有必要作为刑事证据使用的，应当依法重新收集、制作。"

无的转化和证据能力瑕疵到补正的转化；二是证据效力的转化，其中还可具体分为证据效力有无的转化和证据效力大小的转化。

## 二、网络知识产权诉讼中的证据能力与证据效力

### （一）证据能力与证据效力的概述

我国目前立法上在一般的证据概念外，还存在一个极具我国特色的"定案证据"概念。如果我们不对这对概念的关系作出准确的定位就有可能导致对证据能力的理解不统一，即证据能力被人为分解为一般证据能力和定案证据能力两部分。[①] 证据与定案证据是一对既有联系又有区别的概念，一般来说定案证据也是证据，但是证据并非都能成为定案证据。所谓的"定案"在诉讼中是指法院的判决而要作为判决事实基础的证据必须是法官认为可信的而且具有能依此作出判决的证明价值，即该证据具备了证据效力[②]或证据可以被采信。因此一般证据存在的是证据能力或证据采纳的判断问题，而能否成为定案证据是证据效力或采信的评判问题。厘清这对概念，我们就可以更合理地推导出我国现有立法对一般证据具有证据能力的判断标准是什么。

我国证据学界一般认为证据能力的判断标准有三个：关联性、合法性和真实性，这种观点在三大诉讼法中并未明确体现，只是在《最高人民法院关于民事诉讼证据若干问题的规定》（以下简称《民事证据规定》）中得到了体现，《民事证据规定》第 50 条就规定：质证时当事人应当围绕证据的真实性、关联性、合法性，针对证据证明力有无以及证明力大小，进行质疑、说明与辩驳。虽然在该司法解释中也未明确这三性就是证据能力的判断标准，但是由于证明过程中质证的核心内容就是证据能力和证据效力，所以《民事证据规定》第 50 条的规定中隐含了证据能力的判断标准就是真实性、关联性和合法性。其中争议比较大的是真实性，如我国《民事诉讼法》第 63 条规定，书证、物证、视听资料、证人证言、当事人的陈述、电子数据、鉴定意见、勘验笔录必须查证属实，才能作为认定事实的根据。我国《刑事诉讼

---

　　① 肖建国："证据能力比较研究"，载《中国刑事法杂志》2001 年第 6 期。
　　② 所谓证据效力，指的是证据对案件实质性事实的证明效果和力量，其主要内容就是证据的真实性和证明价值。

法》第 48 条规定，物证；书证；证人证言；被害人陈述；犯罪嫌疑人、被告人供述和辩解；鉴定意见；勘验、检查、辨认、侦查实验等笔录；视听资料、电子数据必须经过查证属实，才能作为定案的根据。从上述法律规定来看证据的真实性与其能否成为定案证据密切相关，而定案证据涉及的是证据效力的问题，或者说证据的采信问题，而非证据能力或采纳的问题，因此我们可以推导出真实性并非证据能力的判断标准，而是证据效力评判的一个方面。对于证据的相关性含义及内容，虽然我国立法并未明确规定，可能是因为普遍认为相关性是证据的自然属性，证据具有相关性是不言自明的，所以无须立法加以规定，国外也有不少国家都未对此作出规定，但殊不知相关性也需要进行有效性的评价。对于合法性标准而言，我国刑事诉讼法对此作出了规定，我国 2012 年新修订的《刑事诉讼法》第 54 条规定，"采用刑讯逼供等非法方法收集的犯罪嫌疑人、被告人供述和采用暴力、威胁等非法方法收集的证人证言、被害人陈述，应当予以排除。收集物证、书证不符合法定程序，可能严重影响司法公正的，应当予以补正或者作出合理解释；不能补正或者作出合理解释的，对该证据应当予以排除。"

（二）网络知识产权诉讼中证据能力的转化标准

第一，相关性标准。相关性标准是指只有那些对待证事实具有实质性证明作用的证据才具有纳入审判并进入裁判者视野的能力。在网络知识产权诉讼中判断某一项证据是否符合相关性的转化标准，既要依据逻辑法则和经验判断行政执法部门提交的证据是否具有了使待证事实的成立更为可能或更无可能的能力，同时还要考察该证据是否存在不公正偏见或负面影响远超出其所具有的帮助性的可能；裁判者对它的使用是否会造成不必要的时间拖延或成本提高；是否会造成混淆争议，对裁判者造成误导而影响正确认定事实等。如果行政执法部门提交的证据既影响到了待证事实成立的可能性，同时也不会在有效性上受到质疑和否定，那么该项证据就符合了相关性的转化标准。

第二，合法性标准。所谓"合法性"通常指取证程序或手段合法、表现形式合法，以及取证主体符合法律规定。但是并非不合法的证据就是非法证据，在"非法证据"含义的界定方面，各国将"非法"二字视作"非法取得"的简称，即着眼于取证的手段或程序上，而非形式或主体上。而且即便取证的手段或程序不符合法律规定，也未必一定导致所取得的证据就贴上"非法证据"的标签。例如，我国民事诉讼法规定，只有违反法律禁止性规定取得的证据才是非法证据，再如美国的刑事诉讼中唯有以侵害了被取证人（尤其犯罪嫌疑人、被告人）宪法性权利的方式而取得的证据，才成为非法证据。[①] 根据我国2012年新修订的《刑事诉讼法》第54条规定："采用刑讯逼供等非法方法收集的犯罪嫌疑人、被告人供述和采用暴力、威胁等非法方法收集的证人证言、被害人陈述，应当予以排除。收集物证、书证不符合法定程序，可能严重影响司法公正的，应当予以补正或者作出合理解释；不能补正或者作出合理解释的，对该证据应当予以排除。"据此我国网络知识产权诉讼中的非法证据基本可以划分为两类：一类是绝对排除的非法证据，另一类就是相对排除的非法证据，即法官可以裁量排除的非法证据，这些证据经过补正或合理解释后还能弥补证据能力上的不足而被纳入裁判视野，否则只能因能力的欠缺而被排除。因此在网络知识产权诉讼中行政执法部门提供的证据系刑事诉讼法以及相关法律规范规定的绝对排除的非法证据就没有转化的余地，但如果属于后一种相对排除的非法证据还可以在证据能力补足的条件下进行转化。

（三）网络知识产权诉讼中证据效力的转化标准

判断证据的效力有两个基本标准：真实性和充分性，即首先考察其是否真实可靠，其次再考察其在多大程度上证明待证事实。[②] 我国2012年新修订的《刑事诉讼法》第53条规定，即便没有被告人供述，只要证据确实、充分的，可以认定被告人有罪和处以刑罚，其中"证据确实"就是指证据的真实性。在刑事诉讼过程中为了确保证据的真实性，就是要求据以定案的每一个证据都须经过法定程序查证属实。只有在满足了真实性标准后，才可以对某证据具有的证据价值进行评估，如果某项有证据能力的证据经过审查后不真实、不可靠，即可认定其无证据效力。作为定案根据的证据，不仅要具有真实性，同时还要具备充分性。充分性是对证据的证明价值作出评判，对于

---

① 杨宇冠：《非法证据排除规则研究》，中国人民公安大学出版社2002年版，第3～4页。

② 何家弘：《从应然到实然——证据法学探究》，中国法制出版社2008年版，第150页。

某个或某组证据而言，足以证明某个待证事实或情节存在或不存在；对于案件全部证据而言，已经足以证明全案待证事实的。

### 三、网络知识产权诉讼中两法之间证据能力的转化

（一）两法之间证据能力的有无转化

1. 不具有逻辑相关性者不能转化

行政执法以其主动、积极、高效而异于刑事司法，因此行政执法机关在收集、保全、审查、运用证据的程序、形式、标准等方面都要比刑事司法宽松很多，其所收集的证据在数量上会远远超过刑事司法机关，但是并非行政执法机关所收集的所有证据都与刑事审判中的定罪量刑事实相关。所以在网络知识产权案件中公安机关、检察机关、审判机关应该认真审查行政证据是否与定罪量刑事实具有逻辑相关性，如果不具有则应将其排除，不予转化。

2. 过分证明者不能转化

行政处罚与刑事处罚相比，前者对于相对人权利、自由和财产影响远低于后者，而且后者甚至会剥夺相对人的生命，所以法律、法规都可以设置行政处罚，而刑罚只能由法律才可以作出规定，行政处罚的门槛也就大大低于刑事处罚。因此关于行政处罚的证据能力要求也就比较低，不会过多地考虑有逻辑相关性证据是否会造成时间拖延或成本提高，不会对其正负价值进行深入的权衡，也不会对其是否会混淆争议而作太多考察。但是在刑事司法中，这些涉及有效性考察的因素都会影响到案件裁判的正当性，因此在网络知识产权刑事司法中，公安机关、检察机关和审判机关应将这些过分证明的行政证据排除出去，不予转化。

3. 法定绝对排除的非法证据不能转化

知识产权行政执法机关不具有公安机关所享有的实施强制措施的权力，因此在对言词证据的收集上，知识产权行政执法机关还是存在不小的难度。但是如果知识产权行政执法机关采用类似于刑事司法中刑讯等非法方式收集侵权方陈述的，或采用暴力、威胁等非法手段收集证人证言、受害方陈述的，相关言词型行政证据在刑事司法中要予以排除，不予转化。对于经过法庭审理，确认知识产权行政执法机关在执法过程中存在类似我国《刑事诉讼法》

第 54 条规定的以非法方法收集证据情形的，或不能排除此类情形的，也不能予以转化。

（二）证据能力的瑕疵到补正的转化

除了刑事诉讼法规定必须要予以排除的非法证据不能转化之外，其余的违反法律规定程序或方式收集的证据、主体不合法的证据、形式不合法的证据都系瑕疵证据，可以有条件地转化。证据能力转化的条件有二，只要具备其中之一就可以实现转化，进入刑事审判程序，但是在证据效力上要做大小的转化：第一，尚未严重影响司法公正的，第二，可以予以补正或得到合理解释的。例如鉴定意见，如果知识产权行政执法机关委托鉴定的程序或规程不符合法律规定，但只要该程序违法不足以影响鉴定意见发生错误的，该鉴定意见就可以实现向刑事证据的转化。但如果知识产权行政执法机关委托鉴定的主体根本不具有鉴定资格，那么其所作出的鉴定意见就会严重影响到事实认定的正确性，影响到司法公正目标的实现，对于这样的行政证据就不能转化为刑事证据。

**四、网络知识产权诉讼中两法之间证据效力的转化**

（一）网络知识产权案件中两法之间证据效力的有无转化

证据效力有无转化的审查标准就是行政证据的真实性，如果知识产权执法机关收集、保全证据的方式不正确导致证据被篡改、被删减、被污染等，则无法保障证据的基本真实性，那么这些行政证据在刑事司法中就不具有证据效力，不能发生证据效力的转化。例如，知识产权行政执法机关提供的电子证据及其鉴定意见，[①] 如果其未使用洁净的存储设备对原始数据进行只读式的复制，未制作多个备份进行比对校验，其直接对原始数据进行分析和鉴定，未采用可以保证原始数据完整性的技术手段或安全的计算机系统等，都可能使得电子证据鉴定的检材受到污染[②]，从而无法保证鉴定意见的真实可靠性，当然也就不能实现证据效力的转化。

---

① 2005 年电影《无极》的独家网络代理商广东中凯文化发展有限公司为了对抗网络盗版，就委托福建中证司法鉴定中心进行电子数据司法鉴定，借助该电子数据司法鉴定中凯公司成功维权。

② 刘品新：《电子取证的法律规制》，中国法制出版社 2010 年版，第 117～121 页。

（二）网络知识产权案件中两法之间证据效力的大小转化

证据效力大小转化的标准有三：一是对定罪量刑事实的证明是否充分；二是证据能力补正转化的难度；三是证据虚假的程度。刑事司法机关对知识产权行政执法机关移送的证据效力进行审查时，在保证实质真实性基础上就可以对证据价值的大小进行审查和评判。如果某个或某组行政证据对于证明行政处罚中某个待证事实或情节具有充分性，但是对于定罪量刑中某个待证事实或情节不具有充分性时，其证据的效力就要降低，实现从大到小的转化。如果某个行政证据能力不足，为了实现证据能力的转化进行了必要的补正，但是如果补正的手段、时机、条件等与具有完美证据能力的证据相比差距较大的，并或大或小地影响到证据内容的完整性和有效性的，这样的行政证据在刑事司法中的证据效力就应该发生转化，即从大到小的转化。如果某个行政证据并非证明犯罪要件事实的证据，经过刑事司法审查具有大致的真实性，但是仍存在一定程度的虚假性，对于这样的行政证据就可以在刑事司法中进行证据效力的转化，即从大到小的转化。

# 第六章　网络知识产权诉讼证明中
# "知识鸿沟"的弥合

## 第一节　网络知识产权诉讼证明中弥合
## "知识鸿沟"的重要意义

随着网络技术在知识产权各个领域的快速渗透和广泛拓展，使得知识产权案件涉及的技术范畴也在不断地扩张，知识产权诉讼中的技术问题也日新月异，因此需要专业人士解读的证据既有传统的技术型证据，同时还有众多的电子证据，两类证据常常会出现交叉、融合，其对专业解读人的知识、经验、技能等都提出了较普通知识产权案件更高的要求。此类证据的解读者和使用者由于在知识背景和实践经验方面缺乏共同基础而分裂为两个异质的共同体，其中解读者所属的共同体在与此类证据相关的科学知识领域内具有其他共同体所不具有的独享控制优势。正是由于此种证据所具有的超越性，使得它与网络知识产权案件的裁判者以及司法证明的主体（如刑事诉讼中公诉人、被害人、被告及其辩护律师，民事诉讼中的当事人及其代理人）所具有的法律知识和一般常识之间形成了一条"知识鸿沟"。[①] 故而，有必要在网络知识产权诉讼证明中建构和完善弥合这条"知识鸿沟"的机制和方案。

### 一、有助于提高网络知识产权案件裁判的权威性

网络知识产权诉讼中有很多证据的审查和认定都需要专门的科学知识和

---

[①] 徐静村、颜飞："通过程序弥合知识的鸿沟——论科学证据对刑事审判的挑战及应对"，载《中国司法鉴定》2009 年第 2 期。

技术能力，这些技术型证据与其他证据相比，以其独有的"超越性"向司法裁判者提出了巨大的挑战。这里所谓的超越性是指对此类证据的准确解读已经超出了司法裁判者的知识界域，从而在此类证据的制作者和司法裁判者之间、司法裁判者与此类证据之间形成了知识鸿沟。这不仅使裁判者在理解和认识相关技术型证据时出现了障碍，而且也会因为缺乏相关的知识而难以制作出可以令当事人信服的判决书。因此为了保证网络知识产权案件司法裁判的权威性，我们有必要建构和完善合理的途径和方式去弥合这条"知识鸿沟"，以应对网络知识产权诉讼中技术型证据对司法裁判权威性所提出的挑战。

## 二、为了保证网络知识产权案件裁判的正当性

如前所述，网络知识产权诉讼中总会出现这样那样的科学性事实，需要具备专业知识和技能的人去解读、解释，提供专业性意见，而这些技术审查意见对于证明主体而言具有"超越性"。此类证据的解读者和使用者由于在知识背景和实践经验方面缺乏共同基础而分裂为两个异质的共同体，其中解读者所属的共同体在与此类证据相关的科学知识领域内具有其他共同体所不具有的独享控制优势。这种超越性无疑会使得司法证明主体很难对此种技术型证据进行有效的审查和质疑，实质上也就在很大程度上剥夺了当事人的程序参与权，令其缺少能够影响司法裁判结果的能力和手段。因此为了保证司法裁判的正当性，应该努力弥补司法证明主体的知识鸿沟，实现法律审查与技术审查的弥合，从而保证当事人的程序参与权能够有效行使，保证当事人质证和辩论等诉讼权利的有效行使。

## 三、有助于提高网络知识产权案件裁判的效率

对于两种审查疏离的审判而言，不仅法官与科学家、专家之间会因"瓜分"事实认定权而出现矛盾和摩擦，导致案件审判的时间拖延、成本提高、资源浪费等问题出现；同时诉讼双方在获取、保全、审查、质疑技术型证据方面出现了能力不足、手段有限等问题，导致案件审判难以顺利进行，当事人间的纠纷与冲突搁置难决，社会秩序的恢复与稳定也会因此面临巨大的威胁。但如果弥合了网络知识产权诉讼中法律审查与技术审查的差距，既有利

于消除或减少法官与科学家或专家之间对技术性事实认定权力上的冲突和紧张局面，在发挥各自优势的同时建构和增强法律共同体与科学共同体之间的有效沟通和紧密联系；同时也有利于提高诉讼双方在网络知识产权案件中获取、保全、审查、质疑技术型证据的能力和水平，并为案件作出及时准确的裁判提供了有力的证据支撑，当事人之间的权责就可以很快得以明确和分配，社会秩序也因此得到了恢复和稳定，司法效率目标的实现也就可以成为现实。

**四、有助于提高网络知识产权案件的审判水平**

通过在法律职业共同体与科学职业共同体之间确立和实施沟通机制，弥合法律审查与技术审查之间的差距，可以使得网络知识产权案件的审判者，即便其没有技术背景，也可以借此逐步具有较多的处理技术性事实和证据的经验，其所具有的知识鸿沟也会因为这种沟通和弥合机制而逐渐缩小。当这些在沟通和弥合机制实施中历练了的审判者再面对新型的网络知识产权案件时就不会像以往那般消极被动或者杂乱无章，通过对以往审判经验的积累和案件规律的总结，审判者可以较快地寻找到应对方案，审判水平得到了大幅度的提高，而且在此基础上还可以大力推进沟通机制和弥合方案的改革与完善。

## 第二节　网络知识产权诉讼中当事人知识鸿沟的弥合

网络知识产权诉讼中涉及很多技术问题，对于当事人而言，也会出现知识缺口，需要寻求专业人士的帮助，通过向法庭提交专业人士的意见证据来支持自己的诉讼主张；同时当事人对有关技术方案等书证、数据电文的质证，只有与解读这些证据并出具技术审查意见（如鉴定意见、专家意见等）的鉴定人或专家证人的质询诘问结合在一起才能有效进行；此外，为了保障当事人对技术审查意见质证权的有效行使，都应该为当事人提供质证上的技术帮助和指导。

**一、网络知识产权诉讼中弥合当事人知识鸿沟的可选模式**

由于各国的法律传统不同、诉讼背景不同，不同的国家会选用不同的形式以期保证双方当事人证明权责的有效实施。有的国家会采用专家证人的模式，即由当事人聘用相关领域科学共同体中的专家提供有利于本方的技术审查意见，并对对方提出的技术型证据进行有效的质疑和审查，如美国。有的国家则采用技术顾问的模式，如意大利。根据意大利刑事诉讼法第 225 条的规定，公诉人和当事人都有权任命自己的技术顾问对诉讼中遇到的专门性问题提供专业意见①。有的国家采用专家辅助人的模式，如我国。我国 2012 年新修订的民事诉讼法和刑事诉讼法都规定②，双方当事人可以申请法庭通知有专门知识的人出庭，对鉴定意见或其他专业性问题提出意见。有的国家采用司法鉴定的模式，如我国。根据我国 2012 年新修订民事诉讼法的规定，当事人可以就案件中的专门性问题向人民法院申请鉴定，但须双方协商确定鉴定人，协商不成的则由法院指定。根据我国刑事诉讼法第 146 条和第 192 条的规定，在侦查阶段，如果被害人、犯罪嫌疑人对侦查机关出具的鉴定意见有异议的，可以申请补充鉴定或重新鉴定；在法庭审理阶段，如果当事人及其辩护人对控方提出的鉴定意见有异议的可以申请重新鉴定。

（一）专家证人模式

在知识产权侵权案件中常常会遇到不同专业领域的技术问题，即便是具有技术背景的法官也难免会遭遇知识缺口，需要专业人士提供技术上的帮助和指导，而且在很多知识产权案件中专家提供的专业意见会对事实认定结论施加决定性的影响。因此为了对案件审判结果施加有效的影响，当事人也需要专业人士为其提供技术上的支持，提出有利的证据并对对方提出的技术型证据进行有效的质疑和诘问。网络环境下的知识产权侵权案件还会涉及计算机网络技术的问题，无论对于法官还是当事人而言，更需要掌握计算机网络技术的人员提供技术支持。所以对于网络知识产权侵权案件而言，如何应对

---

① 参见《意大利刑事诉讼法典》，黄风译，中国政法大学出版社 1994 年版，第 77～79 页。

② 我国 2012 新修订《民事诉讼法》第 79 条规定："当事人可以申请人民法院通知有专门知识的人出庭，就鉴定人作出的鉴定意见或者专业问题提出意见。"我国 2012 年新修订刑事诉讼法的第 192 条规定："公诉人、当事人和辩护人、诉讼代理人可以申请法庭通知有专门知识的人出庭，就鉴定人作出的鉴定意见提出意见。"

审判中涉及的技术问题，从而有力地保障自己的合法权益，就成为当事人面临的一个普遍性挑战。为了有效应对这一挑战，我国理论界和实务界中就把不少关注点投放在源于欧洲、而广泛应用于英美法系国家的专家证人制度。根据美国《联邦证据规则》的规定，专家证人就是指因其知识、经验、培训或教育而具备专家资格的证人，由于其所具有的科学知识、技术能力有助于事实裁判者认识、理解证据或裁断有争议的事实，所以允许其以意见或其他形式向法庭作证。以美国为代表的专家证人模式具有以下不同于其他模式的特点，主要表现在以下几个方面。

1. 当事人主导

在证据处理方面一般存在两种模式：一种是证据收集和调查由双方当事人负责；另一种则是由官方负责。而这两种截然相反的处理模式是连续分布的两极，现实的处理方式则处于这两极之间的某个位置，要么倾向于这一端，要么倾向于那一端。[①] 英美法系国家的证据处理方式基本上由当事人主导，包括专家证人提供的专家意见。专家证人成为一方当事人证明其事实主张的手段，专家证人渐渐沦为一方当事人的利益代言人，裁判者则相对消极地对当事人提供的专家意见进行审查和评断。例如，2012 年 7 月在美国联邦地区法院对美国苹果公司诉韩国三星公司专利侵权案的审判中，由于陪审团成员缺乏相关的专业知识和技术能力，知名的专家证人证言对陪审团认定相关专门事实施加了很大的影响，因此苹果和三星就不遗余力地为寻找相关领域内（主要是信息技术和设计业内）的知名专家证人而展开激烈的竞争，并为此投入巨资。[②] 在该案的审判过程中，美国苹果公司提出了一个又一个专家证人，目的是想证明其专利涵盖了多项功能，如"反弹专利"[③]；而韩国三星公司也提出了本方的专家证人，如哈佛大学教授 Woodward Yang 在法庭上提出

---

① Mirjan R. Damaska，M. 2001 Models of Criminal Procedure，(Collected Papers of Zagreb Law School，vol. 51)，pp. 477，485 – 487.

② 在甲骨文（Oracle）和谷歌就 JAVA 和安卓进行的诉讼中，双方就展开了寻找专家证人的竞争，并为此付出了 200 万美元的巨资，参见："三星和苹果为专利诉讼中'大人物证人'展开竞争"，载 http：//korea. people. com. cn/205155/205166/7904424. html，访问时间：2012 年 12 月 4 日。

③ 参见："三星苹果'世纪大战'苹果成最大赢家？"，载 http：//www. c114. net/topic/3570. html，访问时间：2012 年 12 月 6 日。

意见，认为美国苹果公司的 iPhone、iPad 和 iPod Touch 产品抄袭了韩国三星公司所属的有关电子邮件附件、音乐后台播放和照片的专利。①

但是由于这种对专家意见的当事人主导模式在认识和实践中都存在一定的缺陷，因此不少英美法系的国家对此种方式都作出了或多或少的调整和改革。这些国家如果想要产生理想的认知结果就必须建立相应的制度以削弱或消除该模式对当事人歪曲事实的诱惑，同时裁判者的消极姿态对于事实的正确认定也存在不利影响。裁判者作为事实认定者，必然具有认知的需求，而这种认知需求并不能通过消极姿态得到满足，势必产生积极参与证据调查的内在驱动力。因此很多英美国家都在当事人主导的方式中注入一定裁判职权色彩，如在澳大利亚司法界，对于法庭指派专家的呼声不断高涨。通过指派专家证人，法庭在诉讼进程就可以尽早对案件进行干预并且提出恰当的解决办法，法庭可以只采用一个专家的证言从而避免对立的专家在法庭上导致的成本消耗，这既有利于减少诉讼成本，又有助于避免专家行为当事人化的可能性。澳大利亚专家证人制度这种由对抗走向中立的呼声，体现了英美法系国家专家证人制度一种新的发展趋势。在新的形势下，专家证人的立场发生了转变，更加强调为法庭服务，地位也更倾向中立。当然，对于法庭指派的专家证人也需要考虑公平性，他们也必须接受当事人的交叉询问。② 在网络知识产权诉讼中这种趋势只增不减，因为在网络知识产权诉讼中涉及诉讼主体宪法性的权利，涉及互联网的自由健康和安全有序发展，涉及知识产权领域中利益平衡等复杂问题，如果裁判者由于缺乏有效的审判职权而不能为这些问题的解决提供有力保障的话，不仅会危及司法的权威，同时也会损害一国科技的进步和经济的发展，因此裁判者的职权因素将不可避免地渗透到当事人的对抗中来。

2. 陪审团是专家证据评价的主体

在审判组织形态的设置背后体现了一国对待权力的不同态度，在偏爱权力集中的国家，其司法系统就形成了科层型的权力系统，即一种多层分布并

---

① "专利官司全面爆发　三星苹果高富帅 PK 傲骄男"，载 http：//www.bjd.com.cn/10jsxw/201208/17/t20120817_ 3005280.html，访问时间：2012 年 12 月 6 日。

② Richard Lightfoot（澳大利亚）："澳大利亚专家证人制度"，德恒论坛系列讲座之第 34 讲。

且上下之间具有层级关系的组织体系，采取多层决策，每一层级的决策者呈现出一元式，由职业法官或职业法官与非职业的陪审员集中行使审判权力，可称为一元化的科层型审判组织。例如，我国和多数大陆法系国家。而反对国家集权的国家，则偏爱权力分散或权力的地方性分配，因此其审判组织采单级的裁判者决策，同时这一单级决策者呈现出二元化，由职业法官和非职业的陪审团分散行使审判权力的两种职能（法律审与事实审），可称为二元的非科层型审判组织。英美法系国家采用的正是非科层型的二元化审判组织形态，其采用的是单级决策程序，这种程序无须像前者那样依靠先前的官方书面记录来联接断续的程序，庭上的证言和当面的质疑与反驳就足以在持续进行的程序中替代笔录发挥更为直接的作用。举证和质证、辩论的方式是直接言词式的，包括专家证言，双方当事人所提供的专家证人都要出庭，通过言词的方式向陪审团提供意见，接受对方的质疑和辩驳。①

在英美法系国家的知识产权案件中，证据评价的主体是陪审团，由陪审团负责对双方专家证言的证据效力进行审查和评断，法官最多只能通过向陪审团发出指示（包括证据指引）的形式影响陪审团的证据评价。而且陪审团是单独进行评价和裁判，而不是与职业法官一起共同商议，通过意见交换解决专家证据评价中的相关具体问题。法律要求在陪审团评价之前，法官要就有关证据的疑难问题向陪审团作出严格、抽象公式式的指示，而且不要求陪审团对评价结果说明理由，究竟是什么样的证据评价导致裁判则不得而知，因此也就不能对陪审团证据评价的事实裁决提出审查请求。2012 年 7 月 30日，位于美国圣何塞的联邦地方法院对美国苹果公司诉韩国三星公司的专利侵权案件进行首场陪审团审判，由于此次审判结果将大大影响二者的市场竞争格局，因此美国媒体称这一次审判为"世纪专利审判"。在庭审首日进行了陪审员遴选的程序，在这一程序中法官对 30 多位候选的陪审人员单独提问，所提问题主要包括：其选择手机的倾向；是否阅览过与苹果或三星相关的书籍、报刊；是否与苹果、三星、谷歌或摩托罗拉存在关联；手中是否持

① ［美］米尔吉安·R. 达玛斯卡：《漂移的证据法》，李学军、刘晓丹、姚永吉、刘为军译，何家弘审校，中国政法大学出版社 2003 年版，第 80 页。

有三星或苹果的股票；是否对诉讼中某一方当事人存在偏见等。经过严格的遴选程序，有一名谷歌员工和苹果员工分别被剔除出陪审团，最终确定了 3 女 7 男共 10 名陪审团成员。①

由于网络知识产权案件较其他案件而言，更多地涉及复杂的技术问题，因此在美国网络知识产权案件中专家的使用就成为诉讼制胜的一个重要法宝，同时为了赢得诉讼，双方当事人在选择专家时不仅要考察其专业知识是否渊博、专门经验是否丰富，更多地还要考察其思维是否足够清晰，是否擅长和作为技术外行的陪审团进行顺畅有效的沟通交流，往往后一项能力更受当事人及其代理律师的重视，因为这直接影响到当事人的切身利益。

3. 专家证据的必要性审查

在英美法系国家，任何具有专门知识和经验的人都可以成为专家，但是要在某个具体案件的诉讼中使用专家证据，必须经过必要性审查，否则就要遭受被排除的命运，所以必要性是专家证据具有可采性（证据能力规则）的审查规则之一。所谓必要性审查，是指事实认定者凭借普通经验或者一般常识无法判断的重要事项，有必要借助专家具有的专门知识提供帮助。例如，《英国刑事诉讼规则》第 35 条规定，专家证人只适用于对解决诉讼中重要问题有合理必要的情形。英国专家学会出版的《专家证人指南》中就列出了有必要专家证人提供帮助的 6 种情形，如果在没有专家帮助的情况下，下述任务亦能完成的话，专家证言就会被排除：第一，如没有专家帮助，就无法还原事实本来面貌的；第二，如没有专家帮助，双方争端就无法明确下来并能达成一致意见的；第三，如没有专家帮助，对方所主张的事实就不能得到全部或部分的拒绝或接受；第四，如没有专家帮助，有关事实就无法予以澄清的；第五，如没有专家帮助，当事人所提出的证据本质就不能得到清楚解释的；第六，如没有专家帮助，和解协议的条文就不能得到妥善拟定。从以上列举的 6 种情形来看，专家证人使用的必要性既考虑了裁判者准确认定事实的需要，同时也考虑到了当事人证明和支持诉讼主张的需要。

---

① "苹果三星专利战揭幕 结果或影响智能机外观及价格"，载 http://digi.hsw.cn/system/2012/08/01/051406797.shtml，访问时间：2012 年 12 月 5 日。

　　在网络知识产权案件中，如何说服陪审团接受本方的事实主张就成为各方当事人竞争的关键所在，然而仅依靠律师的法律实践经验是很难做到的，故专家证人对于当事人而言，其作用的确不可或缺，而对于认定事实的陪审团而言，当遇到技术性较强的问题时也需要专家提供专业性的解释和分析。但是并非所有知识产权案件都有必要使用专家证人，由于专家证人的知识领域与审判者的知识领域有差异，一旦将某一问题交由某一专家作出分析和判断，在一定程度上就会削弱审判者认定事实的权力，因此专家证人的使用不能随意化，只有满足了必要性的条件才可使用。因此不能因为知识产权贴上了知识和技术的标签，就在所有知识产权案件中随意使用专家证人，网络知识产权案件也得遵循必要性审查的要求，需要结合案件的具体情况去分析，对涉及的专门性问题进行具体判断，可否使用其他证据予以解决，如果使用其他证据无法查明或证明的问题，才有使用专家证据的必要。

　　4. 专家证人的适格性审查

　　在英美法系国家对于专家证人而言，并不要求其须在该领域受过正规的教育，接受某个专业认定机构的认证，或颁发相关证书，正如英国专家学会主席荣格所言，只要其是"特殊领域具有相当知识及经验的人"，都可以成为专家。例如在毒品犯罪案件中，当事人可以聘请曾经吸食、贩卖毒品并有丰富经验的人为专家证人，对案件中涉及的毒品是美国种植还是国外种植的问题发表意见。在适格性的审查中，主要审查两方面内容，一是其所具有的知识和经验与其将要作证的专门事实是否具有相关性；二是其所具有的知识或经验对于该事实的分析、判断是否具有充分性。因此在英美相关诉讼中，如果某一证人被一方当事人作为专家证人提出时，在该证人就案件实质问题作证之前，一般要通过一个所谓的"证人资格"认定程序。在该程序中，就由对方律师（或本方律师）着重从以上两个方面提出问题，以有效审查其是否有作为本案专家证人的资格，即就该证人是否接受专业训练或获得专门技能等相关问题提问[1]，以揭示其有无专门知识或经验以及其所具有的知识、

---

① 吴丹红："英美法上的意见证据规则"，载《律师世界》2003 年第 1 期。

经验是否有助于事实裁判者理解证据或认定案件争议事实，从而确认其专家证人的资格。①

5. 专家证人及专家证据的地位

专家证人亦是证人，据英美法系国家的证据法规则，证人被划分为普通证人和专家证人，因此在诉讼活动中关于证人的规则同样适用于专家证人，如出庭接受交叉询问等。专家证人也并非当事人的代理人，他与律师不同，律师作为当事人的代理人，是以当事人诉讼利益最大化为服务宗旨的，因此其接受当事人提供的服务报酬无可非议。但是专家证人并非当事人的代理人，现在不少英美国家更着重强调专家证人对于法院的优先职责。例如，1999 年英国《民事诉讼规则》第 35 条中就规定，专家证人的职责就是以自己具有的专业知识帮助法院解决诉讼中涉及的专门问题，其对法院的这一职责优先于其对指示人或费用承担人的义务。英国《专家证人指南》第 2 条规定，专家证人独立提供意见，不负有支持指示当事人主张的责任；专家证人仅对当事人争议的重要事项且系本人专业领域内的事项提供意见；专家证人须考虑提供意见所需的全部重要事实，并列明其所依据的事实或相关材料，如认为最终形成的意见不符合要求的，则必须说明系临时性意见；专家证人如要改变关于重要事项的意见，则应立即通知指示方当事人。然而在对抗制的模式下，当事人主导着司法证明过程，专家证人一般受某一方当事人聘请并支付费用，因此难免会无意识、甚或有意识地提供利于本方当事人的证言，从而因带有明显的倾向性而受到指责和诟病。②

然而专家证人不同于普通证人，根据英美法系国家证据规则的规定，专家证人的意见证言具有可采性，而普通证人却不能以意见或推理的形式表达证言，其意见证言只有符合法律特殊规定才具有可采性。但无论是普通证人的证言还是专家证人的证言都必须出庭作证，并通过交叉询问接受各方当事人的质疑辩驳，才有可能成为最终认定案件事实的证据。

6. 专家证人的作证与质证通过交叉询问的方式同步进行

专家证人应出庭作证，并接受对方当事人的质询，这也是其履行职责应

---

① 何家弘主编：《外国证据法》，法律出版社 2003 年版，第 176 页。
② 徐昕：《英国民事诉讼与民事司法改革》，中国政法大学出版社 2002 年版，第 327 页。

承担的法庭义务。专家证人形成意见所依赖的事实或材料是否具有可靠性，所依据的原理是否具有科学性，专家证人所使用的分析方法是否具有合理性，专家证人为出具意见所实施的具体操作是否具有有效性，专家证人所出具的意见是否具有充分性等问题，都需要专家证人出庭作证并接受对方交叉询问才能得到清晰明朗的呈现以及准确合理的评判。

在英美法系国家通过交叉询问的方式使得专家证人的作证与对方当事人的质证同步进行，但是对方在质证时不允许提举本方的专家证据，只有在本方举证时才能提举本方的专家证据。首先由本方对自己传唤的专家证人进行主询问，由反方对该专家证人进行反询问。交叉询问被限定在一定的范围内，不得超越主询问所涉及的题目。例如，《联邦证据规则》第611条第2款就规定："交叉询问应局限在主询问的题目和涉及证人可靠性的问题上。"① 主询问时，反方律师允许以提问的方式不时地打断专家证人的作证，从而削弱或消除对方专家证人证言的效力，并试图得到有利于本方事实版本的信息。专家证人证言的展开只能受制于提问、回答的方式断续地进行，而且这种提问或带有明显的片面性，或带有暗示性，但鲜有从中立的立场出发，因而极有可能导致专家证人的证言被误导、被歪曲。在这个过程中事实裁判者是消极被动的，正是由于其在审判中的消极性，才能保证其在审前或审理中不会形成对案情的预断，而产生偏见；然而作为事实的裁判者，他必然存在着探明某些问题的认知需求，为了满足认知需求，他们也需要通过向专家证人提问的方式去解决认知过程中产生的迷惑，但是由于英美法系国家对"对抗制"的拥戴，以及对事实裁判者主动行为的高度警惕，事实裁判者的认知需求也就因此被抑制了，他们是不能向专家证人提出问题的。同时分庭抗礼式的证据调查中，证据亦被当事人化，包括专家证人，每一方当事人只会传唤对本方有利的专家证人，② 为了避免专家证人的"偏见"，英美法系国家设置了交

---

① ［美］乔恩·R.华尔兹：《刑事证据大全》，何家弘、王若阳等译，中国人民公安大学出版社2004年版，第53页。

② 在苹果诉三星的世纪审判中，苹果提出了5位专家证人，并通过他们的证词证明消费者易混淆三星和iOS设备，这5位专家证人所作的证言都有利于苹果诉讼主张的，他们分别是：商标调查专家哈尔·波利特（Hal Poret）、市场调查专家肯特·万里拉（Kent Van Liere）、计算机科学教授拉文·巴拉里斯南（Ravin Balakrishnan）、教授卡兰·辛格（Karan Singh）、市场营销教授约翰·豪瑟（John Hauser）。

叉询问机制，通过对方的反询问可以很大程度上制约和纠正本方主询问中不可靠、不准确、不合理的内容。但是由于法律对对方律师反询问的范围施加了限制，同时对方的反询问也带有较强的倾向性，这在很大程度上导致呈现于法庭的专家证言信息明显是经过双方当事人及其律师编辑过了的有分明立场的信息，专家证人证言中共识的部分，或"中立"部分则被过滤掉了。①因此英国新《民事诉讼规则》就对这样一种状态进行了修正，其第35.7条规定，当各方当事人都要就案件中某一特定问题提交专家证据时，法院可指定仅由一位专家证人就这一特殊问题提交专家证据，被法院指定的这一名专家证人被称为"单一的共同专家证人"。

7. 专家证人与相关物证结合在一起作证并接受质证

在英美法系国家，涉及技术问题的物证（广义）是与专家证据一同向法庭提出的，一般是通过一名或多名专家证人的提出、分析、解释和判断等方式出现在法庭上，并通过专家证人之间的陈述、质疑、诘问、辩解等方式来呈现其证据效力。② 简言之，在英美法系专家证据的调查是与相关实物证据的调查紧密相联的，而且是以专家证人为中心进行辐射式的调查。例如，在苹果诉三星的世纪审判中，为了证明三星 Galaxy Tab 10.1 平板电脑设计抄袭了苹果 iPad 2，导致消费者对产品造成了误认和混淆，苹果聘用工业设计师皮特·布莱斯勒（Peter Bressler）向位于加利福尼亚州的圣何塞联邦地区法院提交了一份报告，该报告表明在百思买购买三星的顾客纷纷要求退换，主要原因就是这些顾客以为自己购买的是苹果 iPad 2，为此苹果还同时向法庭出示了这两部产品，从而更形象地呈现二者的相似度。③

（二）司法鉴定模式

网络环境中发生的知识产权侵权案件可以说是知识产权案件中涉及技术问题最多、最广、最新、最难的一类案件了，此类案件在面临达玛斯卡教授

---

① ［美］米尔吉安·R. 达玛斯卡：《漂移的证据法》，李学军、刘晓丹、姚永吉、刘为军译，何家弘审校，中国政法大学出版社 2003 年版，第 129 ~ 141 页。

② ［美］乔恩·R. 华尔兹：《刑事证据大全》，何家弘、王若阳等译，中国人民公安大学出版社 2004 年版，第 57 页。

③ "苹果证人：消费者会误认三星平板为 iPad"，载 http://news. mydrivers. com/1/237/237059. htm，访问时间：2012 年 12 月 23 日。

所言的"事实认定科学化的问题"上当然是首当其冲。对于诉讼中涉及的技术问题,不同法律传统的国家选择了不同的处理模式,与英美法系国家选用专家证人模式不同,大陆法系国家则形成了司法鉴定模式。我国具有大陆法系的传统,在诉讼过程中处理技术问题也沿用了大陆法系的司法鉴定模式。

1. 官方主导的处理模式

大陆法系国家司法鉴定的运作采用的是官方主导模式,有学者就曾将大陆法系这种证据处理模式称为当事人辅助下的法官"单方作业"。[①] 审判者预先了解了案件情况,导致在审判者的头脑中已经形成了关于案件事实的假设,在以后的审判或证据调查中,更愿意或更容易接受肯定该假设的鉴定意见,而排斥与此相反的鉴定意见。由于当事人与案件裁判的最终结果存在着切身的利害关系,他们必然存在着为了自身利益去收集和调查证据的内在冲动,而这种冲动很有可能产生歪曲事实的结果,为了抵消或减弱这种影响,实施职权制的国家就必须建构一种能够抑制和对抗当事人这种自发的内在冲动的制度,但是这种内在冲动是否应该抑制,又如何抑制,就成为职权制国家一直在思考、一直未能有效解决的问题。

在德国鉴定人被看作法官的助手,用以弥补法官认知上的不足,因此要求鉴定人以中立的立场提供鉴定意见,当事人亦可依法申请鉴定人回避。尽管德国法律规定如果双方当事人均要求某名专家为鉴定人,法院应受当事人此要求的拘束。但是,在司法实践中法院并不采用这种方法,而往往主动指定鉴定人。在联邦的很多州一般首先使用的是法院指定的"官方鉴定人",这种鉴定人的活动被视作执行准司法职务。尽管当事人可以对官方鉴定人做出的鉴定结论发表书面评论,但只有在必要时官方鉴定人才会对当事人的评论作出答复。[②] 为了提高当事人平等对抗的能力,德国法律规定当事人也可以提出自己的鉴定人,向法庭提交本方的鉴定意见,用来对官方鉴定人出具的鉴定意见进行质疑和诘问。例如德国在一起侵犯 1228954 号专利的诉讼案件中,联邦专利法院驳回了被告提出的专利无效诉讼的请求,而且被告在地

---

① 孙长永:《探索正当程序——比较刑事诉讼法专论》,中国法制出版社 2005 年版,第 450 页。

② 汤维建:"两大法系民事诉讼制度比较研究",载《诉讼法论丛》(第 1 卷),第 405 页。

区法院提出的侵权诉讼中也两审败诉。后来该被告就向德国联邦最高法院提出上诉，要求撤销联邦专利法院和地区上诉法院的判决。联邦最高法院在审理该案的过程中就指定了官方专家对涉案专利的创造性进行鉴定，与此同时专利权人聘请了一位汽车安全带领域的专家进行鉴定并出具了一份鉴定意见，向法院指定的官方专家所出具的鉴定意见提出了有效质疑。最终联邦最高法院认定专利权人聘请的专家鉴定意见比官方专家鉴定意见更具有说服力，所以驳回了上诉人要求撤销判决的上诉。[①]但是无论是官方鉴定人还是当事人聘请的鉴定人都要接受法庭的审查，并决定是否需要重新鉴定，或者另外指定第三鉴定人进行鉴定。

在大陆法系国家司法鉴定的启动掌控在法院手中，侦查机关、检察机关要使用司法鉴定也必须向法院提出申请。我国与此不同，公、检、法机关都有权启动司法鉴定，而且在我国传统司法鉴定体制下，公、检、法、司法行政机关在司法鉴定机构的设置上自立门户，可以"自侦自鉴""自检自鉴""自审自检"，直到2005年2月28日颁行的《全国人民代表大会常务委员会关于司法鉴定管理问题的决定》（以下简称《鉴定决定》）才规定，法院和司法行政部门不能设立鉴定机构。根据我国新刑事诉讼法第146条和第192条的规定，在侦查阶段，被害人、犯罪嫌疑人如果对侦查机关用作证据的鉴定意见有异议的，可以向侦查机关提出申请补充鉴定或重新鉴定；在法庭审理阶段，如果当事人及其辩护人对控方提出的鉴定意见有异议的，则只能向法院申请重新鉴定。即便在民事诉讼中，法院的主导地位也没有发生动摇，根据我国2012年新修订民事诉讼法的规定，当事人如果想要使用鉴定证据，须向人民法院提出申请，而且还须双方协商确定鉴定人，如果双方当事人协商不成的，则由法院指定。

与大陆法系国家传统相同，我国也把鉴定人视作以专业知识和技能协助法院就诉讼中专门性问题加以分析判断的人，所以我国2005年2月28日颁行的《全国人民代表大会常务委员会关于司法鉴定管理问题的决定》规定，鉴定人同审判员、书记员一样有回避事由的限制，大陆法系国家也有类似规

---

① 马东晓、张华："知识产权诉讼中的专业鉴定问题"，载《法律适用》2001年第9期。

定。这也使得"鉴定结论"在所有证据种类中长期居于很高的地位，2012 年我国新修订的民事诉讼法和刑事诉讼法都将"鉴定结论"改为"鉴定意见"，从而脱去了"鉴定结论"虚伪的权威外衣，鉴定人出具的仅是分析意见，而非事实认定结论，鉴定人同样要出庭接受当事人的质疑，才有可能成为认定案件事实的一种证据，从而弱化了鉴定运作的职权色彩，增强了对抗的意义。

2. 法官是鉴定证据评价的主体

大陆法系国家采用的是一元式的科层型审判组织形态，即一种多层分布并上下之间具有层级关系的组织体系，采取多层决策，每一层级的决策者呈现出一元式，由职业法官或职业法官与非职业的陪审员集中行使审判权力。这种审判组织形态要顺利运行，就必须满足一个必要前提，这个前提就是准确全面地记录下较低层级诉讼活动，以供较高层级司法机关予以审核，因此先前书面记录就成为审判中非常重要的证据信息来源，法律程序也由于权力公正行使的需要而时断时续，而这种关于案件的书面卷宗就发挥了不可替代的联系间断程序的生命线。[①] 这无疑决定了大陆法系国家法院在调查鉴定证据时，书面鉴定结论的出示可代替鉴定人的出庭，书面的审查也可以替代对鉴定人当庭的质证，这不仅在很大程度上损害了法官所应具有的中立超然角色，同时也为当事人诉讼权利的有效行使制造了障碍。在大陆法系国家，包括在我国，不仅使用鉴定证据的决定权主要掌握在法官手中，鉴定人的选定权掌握在法官手中，而且鉴定证据的评判权也掌握在法官手中。虽然一定程度上可以减免鉴定人受当事人利益的驱使而产生偏见，从而提高鉴定结果的公正性、有效性，但是在保护当事人质证权尤其是被告的质证权方面却显得不足。

3. 鉴定证据的必要性审查

在英美法系国家的诉讼中专家证人的使用需要经过必要性的审查，否则不得使用。在大陆法系国家把有无鉴定必要的审查交给法官或检察官作自由裁量，法官或检察官可以从以下几个方面进行考量：第一，裁判者的知识和

---

① ［美］米尔吉安·R. 达玛斯卡：《比较法视野中的证据制度》，吴宏耀、魏晓娜等译，中国人民公安大学出版社 2006 年版，第 14～15 页。

经验缺乏客观性；第二，裁判者的知识和经验对于事实的准确认定存在误导的风险；第三，只有使用鉴定才能获得比较客观、正确的资料。① 这些考量的因素都是从裁判者认知事实的角度去考虑，完全忽略了当事人的诉讼需要。其中一些国家还将必须鉴定的情况作出规定，如俄罗斯刑事诉讼法②、德国刑事诉讼法。③ 如上所述，与英美法系国家由双方当事人选聘专家证人不同，大陆法系国家将使用鉴定的决定权、鉴定人的选任权都交于法官，因此在大陆法系国家，法官对鉴定必要性的审查并不能真正成为鉴定证据踏入诉讼门槛的过滤网，必要性审查并非鉴定证据的证据能力规则。

我国没有明确的必要性审查规范，关于鉴定使用的必要性审查属于公安机关、检察机关和审判机关自由裁量的范围。例如，我国《刑事诉讼法》第144条规定，在侦查阶段，为了查明案情，解决案件中某些专门性问题，侦查机关应当指派、聘请有专门知识的人进行鉴定。第191条规定，在审判阶段，如果合议庭对证据出现疑问的，可以在休庭后通过鉴定等方式对有疑问的证据进行调查核实。从这些规定中我们可以看出，职权者的审查只考虑自己查明案情、准确认定事实的需要，但是却未考虑到当事人积极参与诉讼的需要，同时也未对鉴定人所具有的知识进行必要性限制。而且在我国并不存在关于鉴定证据专门、独立、明确的必要性审查程序，它往往与法官关于鉴定的启动、鉴定人的选任等问题综合在一起进行审查，因此也不会出现独立的必要性审查结果，当然也就不会出现因不具有必要性而被排除的鉴定证据。

4. 鉴定人的资格

在我国鉴定人必须具备法定条件，经省级司法行政部门审核登记，取得

① 陈朴生：《刑事证据法》，三民出版社1979年版，第421页。
② 《俄罗斯刑事诉讼法》第196条规定：有下列情形之一的，司法鉴定的制定是强制性的：(1) 为了确定死亡原因。(2) 为了确定健康损害的性质和程度。(3) 当对犯罪嫌疑人、刑事被告人的刑事责任能力或在刑事诉讼中独立维护自己权利和合法权益的能力产生怀疑时，为了确定犯罪嫌疑人、刑事被告人的心理状况或身体状况。(4) 如果对被害人正确理解对刑事案件有意义的情况能力和提供陈述的能力产生怀疑，为了确定被害人的心理状况或身体状况。(5) 当犯罪嫌疑人、刑事被告人、被害人的年龄对刑事案件有意义，而又没有证实其年龄的文件或这种文件引起怀疑时，为了确定其年龄。
③ 在德国刑事诉讼中，下列情况下必须鉴定：(1) 需判断被告是否进驻精神病院、禁戒处所或保护管束之必要时。(2) 在验尸或解剖尸体时。(3) 当有中毒嫌疑时。(4) 在伪造货币或有价证券案件中。吴丽琪译：《刑事诉讼法》，法律出版社第2003年版，第264页。

"司法鉴定人执业证",才能按登记的司法鉴定执业类别,从事司法鉴定业务。这与大陆法系国家相似,鉴定人的资格都有严格的标准,要由国家法定管理机构颁发相关证书,才可做鉴定,而且鉴定人须在某一鉴定机构中执业。我国传统上还采取了与大陆法系相同的做法,即鉴定结论往往是以鉴定人所在鉴定机构的名义作出,而没有具体的鉴定人员署名。但依据《鉴定决定》的规定,司法鉴定实行鉴定人负责制度,鉴定人应当独立进行鉴定,对鉴定意见负责并在鉴定书上签名或者盖章。多人参加的鉴定,对鉴定意见有不同意见的,应当注明。英美法系国家的专家就是以个人名义作出,强调个人负责制。

5. 鉴定人及鉴定证据的地位

在大陆法系国家,鉴定人与证人是区分开的,鉴定人是为协助法院解决诉讼中遇到的专门问题而具有专业知识和技能的人,而证人是以自己所感知到的事实情况向法院提供相关案情陈述的人,二者的证据原理不同,所形成的证据的地位也长期存在较大差异。而且鉴定人在德国、法国等大陆法系国家一直以来被视为"法官的助手"或"法官的科学辅助人",[①] 即以专业知识辅助法院就专门性问题作出分析和解释的人,所以鉴定人被赋予了比证人高的诉讼地位,而鉴定人所出具的证据也比证人证言的地位要高。在我国,鉴定人与证人、诉讼代理人、辩护人一样皆系"诉讼参与人",但是鉴定人与其他诉讼参与人不同,鉴定人由司法机关选聘或指定,而且诉讼法中关于侦查人员、检察人员和审判人员的回避规定同样适用于鉴定人。因此在我国鉴定人既非某一方当事人的证人,同时也非法官的"科学辅助人",但由于鉴定长期以来一直是我国解决案件中技术问题的主要手段,鉴定人的地位往往被认为高于证人,"鉴定结论"甚至一度成为证据之王,而很少受到质疑。2012 年新刑事诉讼法和新民事诉讼法都将鉴定结论改为鉴定意见,从"结论"到"意见"的转变,可以说明摘掉鉴定证据头上的"王冠"势在必行,其也仅是众多证据中的一种,必须将其放置于全案证据中,通过双方有效质证,才能对其效力作出最终评判。

---

① 樊崇义、郭华:"鉴定结论质证问题研究",载《建构统一司法鉴定管理体制的探索与实践》,中国政法大学出版社 2005 年版,第 27 页。

6. 鉴定人的作证和质证因非交叉询问而分离

在大陆法系国家，鉴定人与一般的证人一样，都必须亲自出庭作证，接受法官、控辩双方的提问。根据直接、言词审理的原则，法官必须亲自直接审查各种证据，因此对于证人证言、鉴定结论等，都要传唤这些证据的提供者亲自出庭作证，同时还要由当事人对其进行质证。但是在我国却为鉴定人的不出庭提供了依据和便利。例如，我国《刑事诉讼法》第 187 条规定，只有当事人、辩护人、诉讼代理人、公诉人对鉴定意见有异议，法院认为鉴定人有必要出庭时，鉴定人才必须出庭。而对其他情形下的鉴定人，如果其未出庭的，则依据《刑事诉讼法》第 190 条规定，当庭宣读鉴定人出具的书面鉴定意见即可。而且在我国司法实践中鉴定人出庭的案件少之又少，在北京大学汪建成教授主持的中国刑事司法鉴定制度实证调研中，随机调阅了上海市、呼和浩特市和青岛市中级人民法院的案卷，从中发现竟没有 1 起案件有鉴定人出庭接受质证的记录。①

在大陆法系国家对人证的举证和质证是通过非交叉询问的方式进行的，这种方式在很大程度上导致举证和质证被分离开来。非交叉询问的方式主要体现在以下几个方面：第一，一般由法官首先询（讯）问，然后其他主体在经过法官许可之后进行补充询（讯）问。第二，询（讯）问主体多元化，既包括法官、检察官，还包括辩方律师及其他诉讼参与人。第三，在询（讯）问之前不得随意打断人证的连续性陈述。第四，由于不存在阵营化的事实和证据，因此在进行质问时不存在不能提出本方证据的限制。② 对于鉴定人而言，如果鉴定人出庭作证，法官则先让鉴定人在自由的环境下陈述自己的意见，其间不允许对方当事人随意打断进行发问，随后在实践中一般由法官进行询问完成审查，然后对方当事人才能经过法官获准向鉴定人提问，进行所谓的"质疑"，这样一来，鉴定人的作证和质证也就被割裂开来，当事人的质疑效果也因此明显大打折扣。

根据我国 2012 年最新的刑事诉讼法司法解释第 212 条规定，向鉴定人发

① 汪建成："中国刑事司法鉴定制度质证调研报告"，载《中外法学》2010 年第 2 期。
② 陈如超："刑事被告人的庭审调查程序研究"，载《中国刑事法杂志》2009 年第 6 期。

问，应先由提请通知的一方进行，只有当提请通知的一方发问完毕后，对方才可以在获得审判长的准许后对鉴定人进行发问。尽管这条规定对鉴定人的询问方式作出了对抗化的修整，对本方的主询问和对方的反询问有了初级划分，但是审判长仍是二者的分水岭，二者之间的紧密性、实时性仍然被割裂开来。而且最新刑事诉讼法司法解释的第 215 条又规定，审判人员可以在其认为必要的时候，向鉴定人提出询问，可见询问方式的新调整仍然没有跳出传统非交叉询问方式的藩篱。这样一种安排仍是一种事后的监控，而非实时监控，这时有瑕疵的信息已经影响到了事实裁判者。但是这种方式与英美的交叉询问方式相比，还是具有一定优势的，即鉴定人出具意见的展开不必受到带有明显片面性或暗示性提问的不利影响，而是由法官主导，从中立的立场出发进行发问，鉴定人可以连续、完整、自由地陈述自己就案件中某一专门问题所作的分析和判断意见，而不会被人为地割裂提问所破坏，因而与英美对抗式相比，鉴定证据被歪曲、被误导的可能性则会降低。与英美被动的事实裁判者相比，具有较强的主动性，事实裁判者可以根据自己的认知需求积极地参与和介入证据调查活动中。

7. 鉴定人与相关物证分开作证并接受质证

与英美的专家证人与相关物证（广义）结合调查不同，大陆法系国家则是分开进行的，一般首先是鉴定证据，然后才是实物证据。实际上在知识产权案件中，涉及技术问题的实物证据是不可能单独完成证明任务的，它必须而且也需要与鉴定证据结合在一起才能圆满完成证明的要求，因此这样一种割裂二者彼此之间有机联系的举证和质证方式不仅不符合普通人认知实践的需要，同时也无法满足审判者准确认定案件事实的需要。

（三）技术顾问或专家辅助人模式

尽管鉴定意见可以从中立、客观的立场出发，提供较为公正、权威的鉴定结果，免受当事人利益的影响而产生偏见。但是这样的鉴定意见也由于缺乏当事人的声音而使得鉴定意见中有利于被追诉者的内容很容易被审判者所忽视；同时由于缺乏同一专业领域其他专家的审查和质疑，使得鉴定意见的准确性和权威性存在很大不足，从而误导专业知识不足的审判者作出错误的事实认定结论。此外，总是由法官指定或委托鉴定人，一旦这种指定或委托关系在某种类型案件中逐渐形成固定化的关系，鉴定人难免会与法官的预断产生"默契"，也不再把每一个鉴定客体当做独一无二的客体来对待，法官误判的风险也因此大大增加。① 我国的侦查部门自设鉴定机构，其所出具的鉴定结果由于受到控诉角色的限制，在实践中很难注意到有利于被追诉者的情形。为了克服鉴定所具有的上述缺陷和不足，意大利刑事诉讼法修改的过程中就借鉴了英美法系专家证人制度中的有益经验确立了"技术顾问制度"；我国在刑事诉讼法的修改过程中确立了"专家辅助人制度"。根据《意大利刑事诉讼法》第 225 条的规定，公诉人和当事人都有权任命自己的技术顾问对诉讼中遇到的专门性问题提供专业意见②。我国 2012 年新修订的《民事诉讼法》和《刑事诉讼法》都规定③，双方当事人可以申请法庭通知有专门知识的人出庭，对鉴定意见或其他专业性问题提出意见。这种模式主要包括以下几项内容。

1. 当事人处理为原则，官方职权为例外

意大利在尝试混合模式的试验，即在当事人控制和官方主导的模式之间寻找一种平衡，尽管意大利的刑事诉讼法在原则上要求法官在控辩双方的请求范围之内进行调查，但仍谨慎地规定，在法院认为有必要的时候，也可以依职权进行证据调查。④ 意大利的学者也认为"意大利的法官对于达成准确而公正的结果感觉有个人责任，因此他们希望有控制真实发现过程的权力"⑤。正是由于意大利在诉讼过程中依然遵循实体真实的基本原则，而且对于英美法系一直被人诟病的当事人化调查方式存在很大的疑虑和担忧，导致意大利仍保留有必要的职权色彩。我国在修改刑事诉讼法过程中，也努力尝试对传统的职权制进行修正，引入合理的对抗制因素，新修订《刑事诉讼

① 樊崇义、陈永生："我国刑事鉴定制度改革与完善"，载《中国刑事法杂志》2000 年第 4 期。
② 《意大利刑事诉讼法典》，黄风译，中国政法大学出版社 1994 年版，第 77～79 页。
③ 我国 2012 新修订《民事诉讼法》第 79 条规定："当事人可以申请人民法院通知有专门知识的人出庭，就鉴定人作出的鉴定意见或者专业问题提出意见。"我国 2012 年新修订《刑事诉讼法》第 192 条规定："公诉人、当事人和辩护人、诉讼代理人可以申请法庭通知有专门知识的人出庭，就鉴定人作出的鉴定意见提出意见。"
④ 《意大利刑事诉讼法典》第 507 条、第 508 条、第 511～514 条。
⑤ 孙长永："日本和意大利刑事庭审中证据调查程序评析"，载《现代法学》2002 年第 6 期。

法》的第 192 条规定就是一种引入对抗制因素的有益试验,该条规定当事人及其辩护人、诉讼代理人可以向法庭申请通知有专门知识的人出庭,对鉴定意见提出专业意见。

"技术顾问"制度或"专家辅助人"制度都是在混合模式建构中的一次重大尝试,体现了两大法系相关制度的一次融合,其借鉴了英美法系国家专家证人制度中"对抗式"因素,这不仅对于审判者而言是一种有益选择,因为它使得诉讼中针对专门性问题不再只有"鉴定意见"这一家之言,双方当事人的技术顾问或专家辅助人也可以就诉讼中专门性问题提出专业意见,促使鉴定及鉴定意见更加客观、准确,从而使得审判者兼听则明,可以更为全面、客观地获得关于专门性问题的科学认识和准确认定;而且对于与诉讼结果有切身利害关系的当事人而言也是一种合理安排,因为控辩双方不用再消极被动地等待鉴定意见带给自己的好运或噩运,他们可以主动出击,通过委托技术顾问或专家辅助人有效质疑鉴定意见中不利己的内容,唯有如此才能保证当事人的诉讼参与权,最大限度地保护当事人的合法权益。但无论在意大利还是在我国,法官对诉讼中专门性事实认定的基础并非建立在双方技术顾问或专家辅助人提出的意见上,而仍是以鉴定意见为基础,但必须是经过双方质证后查证属实的鉴定意见,因此法官并不会像英美法系国家的审判者那样易陷入双方专家混战和律师技巧编织的"大网"中,而影响案件真实情况的再现和查明。[①]

此外,技术顾问或专家辅助人并未像司法鉴定人那样被严格要求具有"中立性",他们可以从委托方的立场出发,为委托方就专门问题提供专业帮助和支持。但是这并不意味着技术顾问或专家辅助人可以罔顾客观事实,成为当事人利益的代言人,就专门性问题提出偏见性的,甚至是错误的解释意见,他们仍须忠于事实,遵循客观原则,同时意大利刑事诉讼法规定技术顾问的选聘、活动不得延误和影响鉴定工作的进行。

2. 技术顾问或专家辅助人的资格

意大利的刑事诉讼法未对技术顾问的资格作正面的规定和限制,不要求

---

① 黄敏:"我国应当建立'专家辅助人'制度——意大利'技术顾问'制度之借鉴",载《中国司法鉴定》2003 年第 4 期。

技术顾问必须是如鉴定人一样要通过国家司法鉴定的严格考核，且被列入专门登记簿的行业专家。法律是从反向上列举哪些人员不得担任或兼任技术顾问，第一类人员是未成年人、被禁治产人，患有精神病的人以及被剥夺权利的人；第二类人员是被禁止（包括暂时禁止）担任公职的人和被禁止或暂时停止从事某一职业（或技艺）的人；第三类人员是被处以人身保安处分或防范处分的人；第四类人员是不能作证人或者有权回避作证的人，以及被要求作证人或翻译人员的人。以上 4 类不得担任或兼任技术顾问的人员，要么是由于欠缺行为能力不能担任，要么是因为品行有缺或与案件事实有关不适合担任，要么因为专业能力不足不可担任，这样的规定是为了保证技术顾问能够更为客观、公正、科学、准确地提供专业意见。我国对于专家辅助人的资格也未作明确规定，只要求其是具有专门知识的人，可见专家辅助人的资格要求不像司法鉴定人那样严格，必须经省级司法行政部门审核登记，取得执业证书，并按登记的执业类别从事相关业务，但是未像意大利那样从反面作出限制性规定，这在一定程度上很难保证专家辅助人能客观、公正、准确地提供专业意见。

3. 技术顾问或专家辅助人及其意见的地位

意大利的刑事诉讼法对于"技术顾问"的诉讼地位并未作出明确规定，其是否属于诉讼参与人，其是否享有和承担诉讼参与人的权利义务，法律都未予明确。我国刑事诉讼法对专家辅助人的诉讼地位也未予明确，其并不在刑事诉讼法所列诉讼参与人的范围之内，但是根据 2012 年最高人民法院颁布的《关于适用〈中华人民共和国刑事诉讼法〉的解释》第 217 条规定，有专门知识的人在出庭方面的权利义务适用鉴定人出庭权利义务的有关规定。

可以肯定的是，技术顾问或专家辅助人并非司法鉴定人，其从选任、资格等多方面都与司法鉴定不同。意大利刑事诉讼法规定技术顾问有权参与鉴定工作，可以向鉴定人提议调查方案，可以对鉴定报告进行研究，也可以在法官允许的情况下询问被鉴定的人或物、场所，其间还可以发表意见，并在鉴定报告中给予注明。在我国新刑事诉讼法及其司法解释中则只笼统地规定，控辩双方、辩护人、诉讼代理人可以向法庭提出申请通知有专门知识的人出庭，对鉴定意见提出专业性意见，这表明在我国专家辅助人的作用只体现在法庭之上对鉴定意见提出质疑，至于法庭之外能否参加到鉴定活动，对鉴定工作进行监督、见证，以及能否在技术问题上的取证、举证方面为委托方排忧解难却仍是一个未知之数。

意大利技术顾问的一个重大作用就是运用自己所具有的专业知识对司法鉴定工作进行监督和见证，保证鉴定意见的公正性和准确性，尽管其也可以就自己对案件中专门性问题所提出的专业意见向法院提交备忘录，但是其专业意见的作用则主要体现在帮助法官对鉴定意见的证据效力进行审查和判断。我国专家辅助人的作用更为狭窄，就是在法庭之上对鉴定意见进行辨析和质疑，在刑事诉讼法规定的证据种类中，并没有其一席之地。所以综上而言，技术顾问的意见或专家辅助人的意见并不具有独立的证据地位，其对于鉴定意见有着很大的依附性。对此，意大利刑事诉讼法并未明确规定技术顾问是否应该出庭接受质询，我国新刑事诉讼法司法解释也只是规定在法庭认为有必要出庭时才出庭，但何为必要却未予明确，关于技术顾问或专家辅助人出庭的问题不能不说是这一制度的一个缺陷。

## 二、网络知识产权诉讼中弥合当事人知识鸿沟的合理方案

### （一）当事人处理为原则，必要时的法院职权干预

在网络知识产权侵权案件中，权利人或受害人作为事实的亲历者对于是否存在侵权以及侵权后果等方面信息的获取具有很大的优势；同时由于审判与己有着密切的利害关系，当事方会更为积极主动地收取证据，从而发现更多司法部门尚未触及的有价值证据或证据线索。而且对于网络知识产权案件中的很多电子证据而言，由于其易删改、易灭失等特点，与司法机关相比较而言，当事人具有更为优化的取证时机和取证条件，唯有在当事人取证存在难度或侵权时，司法机关可以依职权介入和干预。因此在网络知识产权诉讼中，对于涉及的专门性问题可以由当事人选择采用何种方式予以解决，主导相应的证明活动。

但是正如前述能够像微软那样具有强大实力建立自己的反侵权团队者并不多，还有众多实力相对薄弱的中小型企业，他们的反侵权能力就显得很薄

弱。某些中小型企业很可能由于盗版而使得自己即将上市或刚刚面市的游戏软件受到严重打击，甚至因此一蹶不振而退出市场。因此对于这些反侵权能力差，取证能力不足的权利人而言，法官依职权提供取证上的协助，可以帮助这些权利人逐步提升反侵权的能力。

无论使用技术顾问或专家辅助人、专家证人还是司法鉴定人，都应以当事人处理为原则，以及必要时的法院职权干预，同时须将控诉方的地位"降"为与当事人平等的地位，不能控审不分。当前我们尚无法肯定地说哪一种混合模式已经在两种模式之间取得了平衡，因为哪一种模式都与其产生的程序整体存在着内在的逻辑一致性，具有难以分割的有机联系，其中的某一个要素也只能在其原有的深刻的根源背景当中才能保持其本色，一旦将其简单地挪移到其他根源背景中，表现形式虽相同，但其运行的动机、原理、机制都会发生变化。因此具有大陆法系传统的我国，不可能完全照搬英美法系传统下的专家证人制度，当然其合理的对抗式因素对于化解职权制中当事人诉讼参与权薄弱的不足还是可取的。

（二）根据案件中技术问题的差异选择不同的技术辅助方式

网络知识产权案件中涉及的技术问题复杂多样，并非所有网络知识产权案件的技术问题当事人都有必要或适合使用司法鉴定来解决，这就需要根据网络知识产权案件中技术问题的差异性来选择使用不同的技术辅助方式。第一，对于网络知识产权案件中技术含量较低的问题，只需要在该领域具有专门知识或经验的专家提供相关解释意见，而无须进行专门的技术对比、仪器检测、设备分析等严格方法就可以明了、清晰的，可以选择使用更为灵活、快捷的技术顾问或专家，而无须使用严格的司法鉴定。第二，对于网络知识产权案件中技术难度比较高的技术问题，需要使用严密的仪器、设备等技术手段，需要按照客观标准、规程并使用严格、系统、规范的方法得出谨慎结论性意见的，则适合选择司法鉴定的方式。第三，对于网络知识产权案件中专业性比较强的技术问题，很难从现有的司法鉴定机构中找到适合的鉴定人选，如关于应用软件开发设计等边缘科学或交叉科学的案件，对此当事人可以选择的方式就是聘请专家了。第四，对于网络知识产权案件中的电子证据而言，在不少网络知识产权案件中电子证据所处的系统环境复杂多变，即便是专业技术人员都很难保证每次使用的工具软件可以满足相关电子证据的勘验和分析要求，而且在网络知识产权案件中，还会出现不少在线电子证据，对这些证据的勘验、分析需要分析人员具有比前者更高的知识和技术要求，对此类证据真实性、完整性的分析需要具有更高水平的专业团队才有可能完成，因此具有严格运作标准和更好资格要求的司法鉴定才能契合当事人对电子证据勘验、分析的要求。尽管电子证据在 2012 年后具有了独立的证据地位，很多裁判者对其的陌生感并没有因此而有太大改变，现有的三类司法鉴定也未能将其囊括，现有的司法鉴定人员也不能满足这项新技术的需要，因此当事人当前更好的选择就是寻求相关领域的专家为其提供知识帮助和技术支持，待未来电子证据鉴定规则建构和完善起来，才有可能通过司法鉴定的方式来满足电子证据勘验和分析的高要求。

（三）赋予专家辅助人及其意见以独立的地位

尽管专家辅助人不是司法鉴定人，但也应赋予其与鉴定人相同的诉讼地位，其出具的意见具有独立的证据地位，与鉴定意见居于同等地位，同样都得出庭接受控辩双方的质询和法庭的审查，而不能以书面审查的方式来代替。同时为了保证鉴定意见的客观性、准确性、完整性、科学性，应该赋予专家辅助人参与和见证鉴定活动的权利。

（四）将鉴定（专家）意见与相关物证调查相结合

应借鉴英美的做法将鉴定意见或专家意见与相关的物证（广义）紧密地结合在一起进行调查，因为在网络知识产权案件中含有技术问题的物证、书证、电子证据的相关性、真实性等关键问题都与鉴定意见或专家意见紧密相连，如果人为地将他们割裂开来，根本无法完整地呈现出这些物证、书证、电子证据的证据效力，当然鉴定意见或专家意见的调查更因其自身的缺陷需要相关物证、书证、电子证据的辅助方能完成自己的使命，所以笔者认为应将其结合在一起进行调查。

（五）确立严格意义上的质证环节

何谓质证，在我国理论界存在着不小的争议。有的认为，质证是"提出问题要求证人作进一步陈述，以解除疑义并确认证明作用的诉讼活动，是审查核实证人证言的一种方式"①。有的则认为，"质证又称对质，即诉讼中就同一事实，组织两人或两人以上当面质询诘问的一种询问和证明形式"②。还有的认为，"质证，即以交叉询问的方式对言词证据的真实性提出质疑而确认其证明作用的诉讼活动"③。上述定义多多少少都带有一定的片面性，笔者认为质证是一个形式与效果的统一体，方式与目的的结合体。它既涵盖了对证据进行当面质询诘问的形式，同时要达到质疑、否定的效果。它虽然以言词的方式进行，但不局限于只对人证进行质证，还包括对物证、书证等实物证据的质证，当然实物证据的质证脱离不了对人证的质询诘问，往往是通过对人证的质询诘问达到对其他证据的质疑和否定的目的。尽管在我国质证采用质询诘问的方式进行，但我国不具备采用英美交叉询问的制度背景，亦没有相应技术化的规则和熟练这种机制、具有这样调查习惯的事实审判者。但必须明确质证是当事人的一项权利，当事人可以选择行使，亦可选择放弃，法官可以引导控辩双方的质证活动，但不能代替或剥夺他们行使质证权利。法官可以引导控诉方按照不同的证明对象对其提出的专家或鉴定证据与相关实物证据进行组合，并依据新刑事诉讼法司法解释的规定通过发问的方式分别出示，但是控诉方对本方鉴定人或专家的发问应尽力保持其陈述的连续性、完整性，在控诉方对每一事实要素的证据组合连续完整地出示完毕后，由法官询问辩方是否有意见，然后再由辩方对控方提出的专家或鉴定证据组合进行质询诘问，以达到否定或降低证明价值的目的。这样既可以保证专家或鉴定证据在相对自由的环境中连续完整地呈现出来，减少暗示性、片面性问题的随意打断和破坏，从而传递出不利于正确认定事实的信息，同时还能保证辩方对证据的适当监控，不致过分迟延地对不利证据进行干预。

（六）鉴定人资格采书面认可与实践认定相结合

正如前面所述，我国的鉴定人须经省级司法行政部门审核登记，取得"司法鉴定人执业证"，才能按登记的司法鉴定执业类别，从事司法鉴定业务，即必须具有书面认可的保证才能从事相关的鉴定业务。尽管资格的书面

---

① 《法学词典》编辑委员会编：《法学词典》（第三版），上海辞书出版社 1989 年版，第607 页。
② 柴发邦主编：《诉讼法大辞典》，四川人民出版社 1989 年版，第 529 页。
③ 叶向阳："论诉讼制度及立法之完善"，载《法律科学》1995 年第 3 期。

认定具有严格标准，但却难以保证选任的某一或某些鉴定人在复杂多样的知识产权案件中能真正胜任实际的鉴定业务。如果资格的书面认定程序中出现了疏漏和错误，再缺乏进一步的实践鉴别和诉讼主体的实质确认程序，则可能面临错误认定科学事实的巨大风险。因此我们可以尝试借鉴英美法系的做法，在诉讼程序中设置"证人资格"认定程序，由对方律师（或本方律师）就该证人是否接受专业训练或获得专门技能等相关问题提问[1]，以揭示其有无专门的知识以及其所具有的知识是否有助于事实裁判者理解证据或认定案件争议事实，从而确认其在具体知识产权案件中作为鉴定人的资格。

（七）无论鉴定意见还是专家意见都同样应接受程序的检验

首先，无论是鉴定意见还是专家意见都只是一种证据，而非最终结论，拥有对案件事实作出最后结论的权力只能由拥有审判职责的法官享有，而鉴定意见或专家意见作为专业人士对案件中专门事实作出的一种分析、解释，仍需要在法官对其证据资格和证据效力审查的基础上才能进行认证。而且鉴定意见或专家意见涉及的只是案件事实中的部分内容，只有经过对全案证据的综合审查判断，法官才能完成对案件事实的最终认定，因此鉴定意见或专家意见并不能因为是相关领域的专家或是因为官方鉴定机构作出的就享有至尊地位，具有终局意义，而僭越法官的审判权。其次，鉴定意见或专家意见尽管是由相关领域的专家运用专门知识或技能所作出的，但不代表它就是真理，就是客观的、确定的，它也可能由于其所依赖的科学原理还有待检验，运用的方法还需求证，操作的规程可能出现错误，导致鉴定意见或专家意见并不一定科学，反而有可能走向科学的反面，因此无论是鉴定意见还是专家意见都必须接受程序的检验。最后，在整体论的认识模式下，鉴定意见或专家意见的证明价值不能一尊独大，须接受质疑和检验。正确地认定案件事实就必须坚持整体认识论模式，不能赋予某一证据或某一类证据独享尊荣的地位，从而排斥其他证据在案件事实重建中的应有作用，当然我们并不是因此否定某一证据或某类证据在重建案件事实中的突出贡献。一直以来无论中外都极少质疑和否定的"鉴定结论"或专家证据的地位，在我国尤其对那些官方鉴定机构作出的鉴定结论更是少有撼动，同

---

[1]　陈瑞华："论司法鉴定人的出庭作证"，载《中国司法鉴定》2005年第4期。

时在鉴定结论出现矛盾时，有人提议通过价值差等的高低划分来化解，这种做法和建议实质上都已经破坏了重建事实应具有的整体性认识模式。因此我们应该将新刑事诉讼法所规定的"鉴定意见"以及专家辅助人的意见置于整体性认识模式的作用之下，系统证据功能的考量之内进行综合的审查评判，从而对鉴定意见或专家意见的证据价值作出科学的判断。

## 第三节　网络知识产权诉讼中裁判者知识鸿沟的弥合

### 一、网络知识产权诉讼中弥合裁判者知识鸿沟的可选模式

随着网络技术的飞跃发展，其对知识产权的各个领域都产生了很大的影响，电子证据也得以在多种知识产权案件当中出现，致使网络知识产权案件成为知识产权案件中更趋复杂、疑难的案件，社会影响也更大。例如，搜狐与新浪两大门户网站之间关于上百幅手机图片和数篇文章的著作权纠纷案，百度、搜狐、中搜与 8848 网站之间的不正当竞争案[①]等均受到了社会各界的广泛关注。尽管在 2012 年民事诉讼法和刑事诉讼法修改中将电子证据作为独立的证据种类，但是裁判者对于此类证据的审查和认证中还存在一定程度的陌生感，加之知识产权案件本就是众多案件中技术问题最突出、最疑难的案件，因此网络知识产权案件中的知识鸿沟问题就更为凸显。在网络知识产权诉讼中这种需要科学知识或专门技能才能解读的多种科学性事实向裁判者提出了巨大的挑战。究竟应该采取何种方式对此类事实进行审查和认定，是由兼具相关专业知识、技能和基本法律训练的法官组成的法庭负责认证；或是由只具有专门知识和技术能力的专家作为审理法官进行认

---

① 电子商务网站 8848 向用户提供搜索助手软件，当用户安装该搜索助手软件后，在百度、搜狗搜索和搜狐搜索的页面上就增加了新浪、Google、网易、中华网、8848 等其他搜索引擎网站的链接。百度等 3 家公司认为，该软件未向用户提供卸载程序或卸载方法，8848 违背了诚实信用原则，在原告的网站上强行嵌入其搜索条，掠夺原告的网络流量，其行为对原告构成了不正当竞争。北京市第一中级人民法院认定 8848 构成不正当竞争，判令其向 3 家网站赔偿共计 116 万余元。参见 "8848 被判不正当竞争赔偿三网站共 116 万元"，载 http：//www.chinalawinfo.com/fzdt/NewsContent.aspx？id = 15807，访问时间：2012 年 12 月 5 日。

证；还是由仅具专业知识技能的技术法官和仅具有法律知识和法律实践经验的法律法官组合而成法庭负责认证，无论是采用专门法院（庭）审理知识产权案件的国家，还是采用普通法院审理知识产权案件的国家对于二者的合与分会有不同的选择。

（一）兼具科学技能与法律知识的法官认证

所谓技术与法律合一的法官认证是指审判知识产权案件的法官不仅要具备相关的科学知识和技术能力，同时还要具有法律知识和实践训练。例如，英国专利法院①的法官全部由既具有法律知识，又具有相关技术背景的人组成。英国专利法院是英国高等法院大法官部的一个专门法庭，专门审理不服专利局长决定的专利上诉案件，该专门法庭设有 6 名主审法官，资格要求其不仅要有法律知识，同时要兼有技术背景。但是由于法律与技术存在本质性的差异，而且现代科学技术在不断更新，专业分工也越来越细，在现实中不可能存在一个"全知全能"的法官能够掌握所有专业领域的知识和技术，"知识的鸿沟"不可避免会出现。WIPO 执法司司长 Wolfgang Peter Starein 在 2006 年"世界知识产权组织知识产权执法高层圆桌会"上就曾指出："一味地强调知识产权法官必须具有专业技术背景是不现实的，而且一味地强调知识产权法官的技术背景向他们转移这种负担也是不公平的。"

（二）技术法官与法律法官的组合认证

所谓技术法官与法律法官组合认证是指审判知识产权案件的法庭由技术法官与法律法官组合而成，共同完成对技术型证据的审查认定。例如，德国

---

① 英国高等法院下设大法官部、王座部和家事部 3 个部，英国专利法院就设于高等法院的大法官部，是大法官部下的一个专门法庭，该专门法庭的法官都由大法官任命，任职资格要求有技术背景。为了克服审判费用高、审判效率低等问题，同时为了满足中小公司可以更为便捷地进行知识产权诉讼的需要，1988 年颁布郡专利法院法，1990 年 9 月 3 日郡专利法院于伦敦正式成立，受理专利、工业设计纠纷，以及据该纠纷所涉及的其他权利的纠纷。当事人不服郡专利法院的判决，应向上诉法院上诉，而不是向高等法院上诉，因此郡专利法院与高等法院是平行的审级。根据英国《1997 年民事诉讼规则》第 63 章的规定，郡专利法院与高等法院专利法院在审理知识专利和其他知识产权案件时，有几乎相同的管辖权。因此英国的知识产权界人士常常自豪地说，英国有两个知识产权专业法院，即高等法院专利法院和郡专利法院，两个都设在伦敦。参见张玉瑞、韩秀成："我国知识产权司法体制改革报告"，载 http://www.iolaw.org.cn/showarticle.asp? id = 3014，访问时间：2012 年 12 月 3 日。

联邦专利法院①的法官就有法律法官和技术法官两种类型，在处理有关商标等技术性不强的一般案件时，无须技术法官参审，3 名普通法官组成的审判庭就可进行审理，但是审理有关专利等技术性较强的案件时，审判庭中必须有技术法官参与审理。② 在奥地利，维也纳商业法院享有对专利侵权案件的专属管辖权，其审判庭是由两名法官与一名专家作为陪审员组成的。③ 技术法官与法律法官的组合认证可以较大程度地发挥各自知识优势，公平分担对技术型证据审查认定的负担，但是固定的技术法官在面对日新月异的技术更新时也会力不从心，需要其他具有相关知识和技能的专家提供帮助和指导。

（三）法官 + 技术咨询的认证

所谓法官加技术咨询的认证是指审理知识产权案件的法官，在认定案件中的技术性事实时，由在法院内外的技术人员或专家提供专业咨询和帮助下完成的认证。这种认证模式还可以细分为法律法官 + 技术咨询的认证和法律、技术知识融合的法官 + 技术咨询两大类型。第一种类型法律法官 + 技术咨询模式，其中的法官不要求有技术背景，如在日本，东京知识产权高等法院④的法官任职资格条件与处理普通案件的法官基本相同，即获得法学学位 + 通过国家司法考试 + 1 年半的实习 + 通过专门的入职考试。一般而言，该高等

---

① 德国联邦专利法院的法官划分为法律法官与技术法官两大类型，技术法官是德国法院系统的独创。技术法官的法律地位与法律法官相同，二者在职权上并无差别，二者都可以参与案件审理并作出裁判，这在《德国法官法》第 120 条和《德国专利法》第 65 条中都有明确规定。根据《德国专利法》的规定，技术法官的选任要求很严格，其任职资格是毕业于德国或欧盟境内的大学或相关科研机构 + 通过了技术或自然科学相关方面的国家级或学院级考试 + 在自然科学或技术领域有 5 年以上的工作经历 + 具备法律法官资格（即还须经过法律法官所必须经历的法律专业学习及专业考核）。由于技术法官在技术和法律两个领域都有很高的要求，所以技术法官制度只存在于联邦专利法院中，在处理专利案件其他普通法院中并没有这种特殊的设置，全部由法律法官来处理。参见郭寿康、李剑："我国知识产权审判组织专门化问题研究——以德国联邦专利法院为视角"，载《法学家》2008 年第 3 期。

② 姜艳菊："知识产权案件的专门化审判"，载《电子知识产权》2008 年第 1 期，第 44 页。

③ 曹新明、梅术文：《知识产权保护战略研究》，知识产权出版社 2010 年版，第 168 页。

④ 2005 年 4 月 1 日日本知识产权高等法院设置法正式实施，东京知识产权高等法院也正式成立，它脱胎于原来设置于东京高等法院内部的 4 个专门审理知识产权案件的民事部，尽管它具有了独立的名称，但是并未完全独立于东京高等法院，只是东京高等法院的一个支部，独立性不足。在日本知识产权高等法院内专设了"法院调查官"，根据日本民事诉讼法规定，法院调查官的职责就是遵照法官的命令，对有关发明专利、实用新型专利等案件的审理中有关的必要技术事项进行调查，但是法律并未明确其调查结论的地位和效力问题，当事人是否有权对其进行选择、申请回避的问题等，亟须进一步完善。参见文学："东京知识产权高等法院掠影"，载《中华商标》2005 年第 12 期。

法院法官并不要求必须具有科学、技术方面的教育背景，因此日本东京知识产权高等法院法官可以邀请非专职的专家委员在争议焦点和证据整理及证据调查、认定的过程中协助法官，向法官提供案件中有关专门技术问题的解释，澄清案件中的专门技术型问题。专家委员是由日本最高法院任命的兼职官员，被任命的专家委员的名单存放在专家库中，该高等法院可以指定其中与审理案件相关领域中最适合的专家来解决案件中的技术性问题，尤其是难以理解并且需要专业知识进行解释的案件。由于专家委员制度在日本建立不久，还有一些需要继续完善的地方，如如何保证当事人抗辩权的行使。①

第二种类型兼具法律和技术知识的法官＋技术咨询模式，其中法官既要有技术背景，同时也要具备法律知识，如我国天津市高级人民院，尽管审理知识产权案件的法官兼具工科学术背景和法律训练，但是仍在2002年3月29日成立了知识产权审判咨询专家库，有52位来自不同专业领域的专家，负责为知识产权案件涉及的技术事实认定问题提供技术咨询意见。对于拥有某专业工科背景的法官而言，同样很难应对快速更新的科学技术，不可避免地会出现或大或小的知识缺口，需要相关领域的专业人士在证据审查认定方面为其提供咨询意见。再如我国台湾地区的"智慧财产法院"②的审判组织成员中包括法官和技术审查官，在法官的挑选上非常注重其是否有智慧财产权的专业学习经历，从而超越了普通法官的选任标准。技术审查官是具有一定科学知识和专业技能的人士③，是法院内部的专职官员，在审判中充当着法官

---

① "日本的知识产权高等法院"，载 http：//www. court. gov. cn/yyfx/yyfxyj/ztllyj/sfcbysfxl/201112/t20111211_ 168041. html，访问时间：2012 年 12 月 4 日。

② 2007 年 3 月 28 日我国台湾地区颁布了"智慧财产法院组织法"和"智慧财产案件审理法"，2008 年 7 月 1 日智慧财产法院正式成立并开始运行。台湾地区的司法体系与我国大陆地区有所不同，其法院划分为普通法院与行政法院，其中普通法院系统管辖民事诉讼和刑事诉讼案件，采三审终审制，行政法院系统则负责管辖行政诉讼案件，采两审终审制。而智慧财产法院则突破了我国台湾地区常规的司法二元体系，依据"智慧财产法院组织法"第 2 条及第 3 条规定：智慧财产法院依法管理关于智慧财产之民事诉讼、刑事诉讼及行政诉讼之审判事务，即凡是涉及智慧财产权的三类诉讼案件都统一由智慧财产法院管辖，成为我国台湾地区司法体系改革的一面鲜明旗帜。参见曹新明、梅术文：《知识产权保护战略研究》，知识产权出版社 2010 年版，第 167 页。史新章："我国台湾地区智慧财产法院简介"，载 http：//www. marketbook. cn/sbgzdt/133259789426948. html，访问时间：2012 年 12 月 5 日。

③ "智慧财产法院组织法"第 16 条规定，曾担任专利审查官或商标审查官、有智慧财产权类专门著作的大学教师及公私立专业研究机构研究人员，以上人员如符合一定条件的可由"司法院"遴聘或借调出任。参见史新章："我国台湾地区智慧财产法院简介"，载 http：//www. marketbook. cn/sbgzdt/133259789426948. html，访问时间：2012 年 12 月 5 日。

的"智囊"角色，协助法官调查技术型证据，为法官提供专业性审查意见，并可以出庭对当事人说明或提问，但是对于其向法官提出专业性审查意见是否应当接受双方当事人的质询以及受到当事人合理质疑后该审查意见的效力如何等却缺乏系统的规范①；而且专职的技术审查官也不足以应对飞速更新的科学技术，不可能涵盖各个领域的专业技能，很难保证其可以应对所有知识产权案件中的专业性问题，有些案件法官也不得不在法院之外寻求专业帮助和指导。

但是由于专家咨询尚未形成规范，实践中专业咨询多是在法庭之外进行的，既无书面的意见，也不通知当事人参与。而技术事实的认定结论往往关乎当事人切身权益，这样一种做法实际上已经剥夺了当事人程序参与权，对于这种关乎切身利益的事实认定，当事人却不能听证、质证对事实认定施加任何影响。而且相关专家不必出庭提供咨询意见，其对咨询结果又不承担责任。如果将事实认定结论建立在这种未经过质证和辩论以及不承担后果的专家咨询意见之上，就完全背离了司法公正的精神。②

（四）法官＋专业鉴定的认证

所谓法官＋专业鉴定的认证是指在审理知识产权案件时法官委托或指定专业鉴定人对案件中的技术性、专业性事实提供鉴定意见，辅助法官对此类证据和事实作出准确的评判和认定。由于知识产权案件专业性很强，涉及的技术领域也比较广泛，即便具有一定技术背景的法官审理起来难度也会增加。为了应对这一困难，司法实践中除了采用咨询方式之外，还出现了专业鉴定的方式来化解法官科学知识或专业技能上的缺口。例如，中国、德国③，在知识产权诉讼中法庭委托或指定鉴定人进行鉴定，其所提出的鉴定意见并非

① "智慧财产案件审理细则"虽规定：技术审查官就其执行职务之成果，应制作报告书；技术审查官之陈述不得直接采信为认定待证事实之证据；当事人就诉讼中待证事实仍应依各诉讼法规定的证据程序提出证据，不得径行援引技术审查官的陈述而为举证。但是并未规定这个报告书是否应该呈堂，是否须经过双方当事人质证，其效力又如何认定。参见史新章："我国台湾地区智慧财产法院简介"，载 http://www.marketbook.cn/sbgzdt/133259789426948.html，访问时间：2012年12月4日。
② 马东晓、张华："知识产权诉讼中的专业鉴定问题"，载《法律适用》2001年第9期。
③ 在德国联邦专利法院之外的其他普通法院审理知识产权案件，尤其是专利案件时，如果遇到了专业性的技术问题，通常会委托鉴定人进行鉴定，为法官提供专业上的帮助和指导。

最终结论，它仍然要接受双方质证，鉴定人要出庭对当事人提出的问题给予回答和解释，可以说专业鉴定并未出现技术咨询所具有的违背司法公正的"硬伤"。

在网络知识产权诉讼中，一旦法庭委托或指派专业鉴定人对某一技术型证据进行解读时，就说明这一证据的解读已经超出了法官的知识范畴，出现了知识缺口，为了弥补这一知识缺口，法官对专业鉴定人及其出具的鉴定意见就有了较高程度的依赖性，而这引发了新的危机，即在科学家、专家"虎视眈眈"的情况下，法官如何看守好自己审查认定事实的审判权力。在美国初期对科学证据的审查规则、标准都是基于科学家的视角而设定的，由科学家或学术团体来对科学证据的"科学性"进行审查，法官基本丧失了对科学证据进行审查判断的权力，但是审判并非科研活动，它要求在有限的时间里为法律争端寻求有效的解决方案，因此联邦证据规则就试图收复法官对科学证据的审查判断权，但是由于联邦证据规则赋予法官的"自由"缺少明确清晰的度，因而又逐步走向在法官的审判权与科学家的决定权之间寻找一个平衡点的努力与尝试。

## 二、网络知识产权诉讼中弥合裁判者知识鸿沟的理性选择

### （一）法官应有适当的技术背景但不宜高

知识产权案件与普通案件相比具有较高的专业性、技术性，而网络知识产权案件与一般的知识产权案件相比，其技术性因素更显突出。随着网络技术在知识产权领域的快速渗透，其不仅使知识产权侵权手段呈现出网络化，例如未经许可将他人作品传上网络供网民免费下载或阅读的行为，而且令知识产权的客体发生了数据化、网络化的改变，例如侵犯网络域名专有权的行为，而且手段的网络化和客体的网络化并非孤立存在和发展的，二者常常会出现交叉和融合的情形，故而，网络知识产权案件中具有重要价值的证据多以电子证据形式出现。这也就对审理此类案件的法官提出了不同于普通案件的知识背景要求，即审判此类案件的法官需具有基础的技术知识，尤其是须具有计算机相关学科的教育或培训背景，否则其不仅对于此类案件汇集的众多技术型证据（尤其是电子证据）缺乏基本的理解力和判断力，同时其作出

的裁判很难让同领域的普通技术人员理解和认识，当事人也无从信服，司法的威信力也会因此大打折扣。

尽管审理网络知识产权案件的法官需要具有基础的包括计算机相关学科在内的知识背景，但是不宜要求过高。因为在网络知识产权诉讼中，我们不可能期盼出现一个全知全能的法官去应对日新月异的现代科学技术提出的挑战。即便是"技术法官"，也很难跟得上科学技术飞速更新的步伐，而且网络知识产权案件所涉及的专门问题更为多元、更趋复杂，所以即便是"技术法官"也仍然既需要掌握相关专利技术的权威人士，同时还需要掌握计算机网络技术的资深人士，为其提供认证上的技术帮助和专业支持。因此，对于审理网络知识产权案件的法官可以要求其具有一定的技术背景，但不宜过高。

（二）法官需要专业技术上的辅助

如前所述不可能有通才的法官，因此为了使法官对网络知识产权诉讼中出现的日新月异的技术型证据（包括电子证据）作出准确评判，就应该允许法官获取来自相关技术领域的职业共同体所给予的专业支持，由他们利用知识优势对诉讼中技术型证据向法庭提出技术审查意见，从而弥补法官知识背景与案件所需专业知识之间的鸿沟。

（三）根据专门事实的不同选择使用不同技术辅助模式

在网络知识产权诉讼中并非所有专门性问题都适合采用同一种模式来弥合裁判者的知识鸿沟，可以根据专门问题的不同选择使用不同的模式来完成弥合任务。对于网络知识产权诉讼中出现的很多电子证据而言，由于电子证据所具有的虚拟性、易删改性、智能性等特点，使得对电子证据的勘验、分析等都提出了很高的专业知识要求，因此更适合采用专业鉴定的模式来弥合裁判者的知识鸿沟。在不少网络知识产权案件中，很多电子证据所处的系统环境复杂多样，即便是专业的技术人员都很难保证每次都能通过匹配的工具软件来满足各种各样的证据勘验和分析要求，因此具有严格运作标准和更高资格要求的司法鉴定才能契合电子证据的勘验、分析工作。然而尽管电子证据已经成为我国新修订《民事诉讼法》和《刑事诉讼法》规定中的一个独立证据种类，但是它毕竟是一个新兴的证据种类，很多审判者对其还有一定程度的陌生感，我国现有司法鉴定制度所规定的三类司法鉴定：法医学类、物证鉴定类和声像资料鉴定类，尚不能将其囊括，对于此类证据很难组成鉴定组，因此法官当前更好的选择是求助于专家为其提供专业意见。而且在网络知识产权案件中，会出现不少在线电子证据，对这些证据的勘验、分析需要比前者更高的知识和技术要求，在线对相关电子证据予以固定、勘验、分析是现代网络技术发展应用与知识产权司法实践技术相结合的必然产物，对此类证据的原始性、真实性、完整性的分析需要更高水平的专业团队才有可能完成，而现有的司法鉴定人员并不能满足这项新技术的需要，对此法官当前的选择就是寻求掌握此类技术的专家提供知识帮助和技术支持。为了在未来更好地满足电子证据勘验和分析的高要求，有必要完善我国的司法鉴定制度，为电子证据的鉴定制定规范的操作标准和系统的运行规程，从而为电子证据的鉴定确立起独立、统一的鉴定规则。

除了电子证据外，网络知识产权诉讼中还会出现一些专门问题，其技术难度较高，需要借助特定的仪器、设备，依据较为严格的规则或标准进行检验、测试，为法庭提出比较严谨的专业意见，对于这一类技术问题就应选择更为严格、规范的司法鉴定模式，才能更好地弥补裁判者的知识鸿沟。而对于那些技术含量不是很高，凭借专家的知识、经验就可以作出解释、分析和判断的专门性问题，则可以选择相对灵活、便利的专家提供专业性意见。

（四）有必要由当事人对技术审查意见的不可靠性提出质证

技术审查意见实质上就是专家对于案件中专门事实利用自己所具有的科学知识或专业技能所作出的解释，因此在技术审查意见的形成过程中必然会涉及解释主体、解释客体和解释依据 3 个方面。就解释主体而言，其在分析和解释案件中的专门事实时不可能摆脱自己历史先见或先前理解的影响，这是因为人类作为历史性的存在，不可能是与客观世界相分离的主体，因为我们生活的世界是与我们认识融合在一起的自然实在，人类在参与建构和改造世界的同时又被改造的世界所制约，人类在认识世界和改造世界的过程中，已经将自己的认识融入了实践中的世界。① 因此在解释主体向法庭针对案件

---

① 陈亚军："超于绝对主义和相对主义——普特南哲学的终极命意"，载《厦门大学学报》2002 年第 1 期。

专门事实提出的技术审查意见中就难免出现主观的、非理性的、不确定的成分。再加上解释主体在职业道德水平上的差异,解释主体提出的技术审查意见中就会有主观的、不确定的和非理性成分的风险。就解释客体而言,无论其是以人、物或电子等其他形式存在,其中所蕴含的与案件有关的信息在传递、储存、再传递等一系列形成和变化过程中,必然会由于客观或主观的因素而出现增损、消耗、失真、扭曲等情形,最后呈现在解释者、裁判者面前的解释客体就不可避免地出现真假混合的复杂局面。① 就解释依据而言,解释主体分析解读专门事实所依据的知识原理和所使用的解释方法受到人类认识世界能力的制约,解释主体所掌握的科学知识和技术能力在面对不断更新的科学事实时难免会出现一定程度的滞后性,这样一来解释主体使用带有一定滞后性的方法和技术所提出的技术审查意见中就难免会有不确定的、非理性的部分。

综上,技术审查意见作为一种关于案件科学事实的分析和解释,无论是解释主体、解释客体还是解释依据都具有自身的"历史性"特征,那么综合3方面要素的技术审查意见就必然是一个糅合了主观与客观、理性与非理性、确定性与不确定性因素的综合体。对于这样一个包含有主观、不确定、非理性成分的技术审查意见,当然需要当事人对其进行质疑和辩论,去除或减少其包含的主观因素、非理性因素,从而帮助法官较为准确地认定案件中专门事实。

(五)技术审查意见与全案证据综合进行认证

首先应明确技术审查意见的地位,在网络知识产权诉讼中,无论是控辩双方提出的技术审查意见,还是法院调查取得的鉴定意见,都不具有最终结论的地位,它同其他证据形式一样只是案件中的一种证据。② 不能因为其是解释主体利用具有"超越性"的知识完成的,就赋予它终局的至尊地位。其次,网络知识产权诉讼与其他类型案件的诉讼一样,有权对案件事实作出最后认定结论的只能是代表国家行使审判职能的法官。作为证据之一的技术审

---

① 李慧:《证据制度的探索与反思》,知识产权出版社 2011 年版,第 72 页。
② 汪建成:《理想与现实——刑事证据理论的新探索》,北京大学出版社 2006 年版,第 244 页。

查意见应与其他证据一样接受法官对其证据能力和证据效力的审查认证，只有经过法官审查认证的技术审查意见，才能作为认定案件中专门事实的基础。最后，在网络知识产权诉讼中尽管会涉及很多技术型证据，但是这些技术型证据不能涵盖全部案件事实，往往涉及的是全案事实当中的一部分，因此法官对相关案件中技术审查意见的证明价值不可能孤立地作出评判，必须与其他证据综合在一起才能作出准确的评判，而且也只有与案件中的其他证据综合在一起才能形成对案件事实包括案件中的专门事实形成准确认定结论。

（六）建构"联接"技术审查与法律审查之间的沟通机制

随着对技术型证据交叉研究的不断深入，在技术型证据审查中长期存在的技术审查与法律审查截然两分的格局被逐渐打破，技术审查与法律审查联接的第三格局开始逐步形成。在网络知识产权诉讼中，法官对技术型证据的审查不能走极端化的路线，既不能放任由专家代行法官的审查认定技术性事实的职责，也不能因为惧于专家"瓜分"审判权而垄断对技术型证据的审查权，而是应该在二者之间寻找和确立一个平衡点。由于技术型证据在网络知识产权审判法庭上扮演着愈来愈重要的角色，如何审查认定知识产权案件中的技术型证据，如何平衡法律审查和技术审查的差距就成为世界各国司法体系必须面对的巨大挑战。各国都纷纷尝试在法律审查与技术审查之间寻找一个平衡点，努力建构和完善技术审查与法律审查联接的第三格局，以打破网络知识产权诉讼中长期存在的截然两分的格局。我国也应该努力改变网络知识产权诉讼中技术审查与法律审查长期分裂和疏离的现状，畅通技术共同体与法律共同体之间沟通和交流的渠道，融合解释主体和认证主体的历史"视界"，从而在相关诉讼中大大降低技术型证据的主观性、不确定性以及非理性所引起的谬误、曲解等负面影响，从而为法官作出正确的事实认定结论提供有效保障。

# 结语　网络知识产权诉讼证据制度的未来

随着技术的飞速发展，尤其是网络技术的不断革新，网络知识产权诉讼中证据制度的未来会是何种面貌，现在看来仍会存在一团迷雾——各种新型的案件、不同的观念、激烈的争论、随机的事件都混杂在一起，但可以肯定这团迷雾将会在一组组相互对抗的趋势中涡旋、演变，需要我们认真考察和深入研究，才能从中寻找到网络知识产权诉讼中证据制度未来发展的基本线索。

1. 制定法与判例制度相结合

制定法总是赶不上技术发展的脚步，在面对迅猛发展的数字技术时，其滞后性就更为凸显出来。因此对于网络知识产权诉讼中不断涌现的各种新的证据问题，立法也只能是有选择地作出处理，以跳跃的方式前进，对于其中缺漏的、不适宜的部分，就需要在司法实践当中通过判例的方式不断探索、不断完善。但是即便立法和司法作出不断努力和不懈改革，在网络知识产权诉讼证明中永远都会遇到这样或那样的灰色模糊地带，需要我们继续探索和研究。

2. 畅通网络侵权过程中每个节点之间的信息渠道

与现实空间的侵权行为相比，网络空间内实施的侵权行为的证据更易灭失、删改、隐匿，为了有效地打击网络知识产权的侵权行为，反侵权方与侵权方之间势必会有一场激烈的信息较量和证据角逐。为此网络知识产权诉讼中的证据制度就应该努力打通侵权过程中可能留下侵权"痕迹"的各个节点，畅通有关的信息渠道，为打赢这场反侵权的斗争而提供有效的支持。

首先是畅通公众信息平台。网络技术的飞速发展使得人们只需轻击键盘、挪动鼠标就可以便捷地获取和传播信息，实现人类生活翻天覆地的变化。由于网络所具有的虚拟性，使得人们的网络行为与现实行为相隔离，也使得人们的识别力发生扭曲，判断力出现模糊，注意力发生变化，对于网络环境下关于侵犯知识产权的法制意识则相对薄弱甚至缺失，从而阻塞了打击相关侵权行为的信息渠道，削弱了抗击相关侵权行为的民间力量。因此需要与相关的法律规范、司法实践、行政执法相配套，并通过网络平台对公众的网络思维进行潜移默化的改变和塑造，提高关于抗击网络知识产权侵权行为的识别力、判断力和行动力，从而为网络知识产权诉讼拓宽信息渠道，为抗击网络知识产权侵权行为提供有力的证据支持。

其次要实现公权力主体与私权利主体之间的信息共享。对于网络知识产权侵权行为的抗击并非公权力主体或私权利主体一己之力就可以完成。它需要以更为开阔的视野更为广泛的力量才能共同成就，需要公权力主体和私权利主体发挥各自的优势，将各自手中掌握的信息凝聚在一起，形成强大的证据合力。

3. 在相关案件的证据调查中贯彻和实践利益平衡的基本原则

网络技术的日新月异既可以被用来实施侵犯知识产权的行为，同时也可以为知识产权的权利客体提供有效的保护。在网络知识产权侵权中，网络技术成为一项主要因素，无论其掌握在谁的手里，都会是一把双刃剑，无论使用者的目的是保护权利人个体利益、维护社会公共利益，还是侵害他人合法权益，都可能会在外在因素的刺激和干扰下走向知识产权保护的反面。因此在未来网络知识产权诉讼的证据调查中利益平衡将成为一项黄金法则，通过深入贯彻和不断实践这项基本原则，将可以平息未来一场场、一组组的对抗和矛盾，调和各方的利益，从而不断提升我国知识产权保护的水平和能力。

4. 审判方式和证明方式的技术化变革势在必行

当审判对象以日新月异的技术武装起来时，如果审判组织仍裹足不前、故步自封，采用传统的审判方式，就势必会大大削弱对网络知识产权侵权行为的打击力度，难以实现对知识产权保护的目标。当侵权者的侵权手段、侵权工具的技术化程度快速更新时，如果权利受害人缺少必要的技术辅助和专业支持，就很难与之对抗，保护自己合法权益的目标也就落空。因此在未来的网络知识产权诉讼中，无论是裁判者还是当事人都需要技术辅助和专业支持，审判方式和证明方式的技术化变革势在必行。

# 参考文献

（一）中文论文

［1］郑成思．民法、民事诉讼与知识产权［J］．法律适用，2001（1）.

［2］冯刚．涉及搜索引擎的侵犯著作权纠纷研究［A］//王振清主编.
知识产权法理与判决研究［M］．北京：人民法院出版社，2005.

［3］周涛裕．浅析网络著作权的司法保护机制［J］．信息网络安全，
2006（3）.

［4］莫于川．知识产权行政保护制度亟待改革［J］．改革，1998（6）.

［5］和育东．走出专利行政保护的发展困境——以外观设计专利与发
明、实用新型专利的区别为视角［J］．电子知识产权，2009（10）.

［6］方新文，梅文斌．公安机关打击侵犯知识产权犯罪面临的问题及对
策［J］．政法学刊，2002（4）.

［7］蔡伟文．试述知识产权型犯罪的侦查技术［J］．犯罪研究，2004
（2）.

［8］姜艳菊．知识产权案件的专门化审判［J］．电子知识产权，2008
（1）.

［9］刘远山，杨超男．论网络环境下知识产权侵权的认定和法律救济
［J］．河北法学，2007（5）.

［10］袁泳．数字版权［A］//知识产权文丛（第2卷）［M］．北京：
中国政法大学出版社，1999.

［11］马治国，任宝明．网络服务提供商（ISP）版权责任问题研究
［J］．法律科学，2000（4）.

[12] 于志刚．网络犯罪与中国刑法应对［J］．中国社会科学，2010 (3)．

[13] 任寰．论知识产权法的利益平衡原则［J］．知识产权，2005 (3)．

[14] 黄玉烨．知识产权利益衡量论——兼论后 TRIPS 时代知识产权国际保护的新发展［J］．法商研究，2004 (5)．

[15] 李朝应．因特网提供商在版权法中的责任研究［J］．科技与法律，1999 (1)．

[16] 廖中洪．中美知识产权刑事保护的比较研究［J］．法律科学，1997 (3)．

[17] 阴建峰，张勇．挑战与应对：网络知识产权犯罪对传统刑法的影响［J］．法学杂志，2009 (7)．

[18] 陈瑞华．量刑程序的独立性——一种以量刑控制为中心的程序理论［J］．中国法学，2009 (1)．

[19] 吴丹红，孙孝福．论诱惑侦查［J］．法商研究，2001 (4)．

[20] 马跃．美、日有关诱惑侦查的法理及论争之概观［J］．法学，1998 (11)．

[21] 叶家平．知识产权行政执法与刑事司法衔接中若干问题研究［J］．科教文汇，2007 (4)．

[22] 卢建平，苗淼．刑罚资源的有效配置［J］．法学研究，1997 (2)．

[23] 肖建国．证据能力比较研究［J］．中国刑事法杂志，2001 (6)．

[24] 徐静村，颜飞．通过程序弥合知识的鸿沟——论科学证据对刑事审判的挑战及应对［J］．中国司法鉴定，2009 (2)．

[25] 吴丹红．英美法上的意见证据规则［J］．律师世界，2003 (1)．

[26] 汤维建．两大法系民事诉讼制度比较研究［J］．诉讼法论丛，(1)．

[27] 马东晓，张华．知识产权诉讼中的专业鉴定问题［J］．法律适用，2001 (9)．

［28］樊崇义，郭华．鉴定结论质证问题研究［A］//建构统一司法鉴定管理体制的探索与实践［M］．北京：中国政法大学出版社，2005．

［29］汪建成．中国刑事司法鉴定制度质证调研报告［J］．中外法学，2010（2）．

［30］陈如超．刑事被告人的庭审调查程序研究［J］．中国刑事法杂志，2009（6）．

［31］樊崇义，陈永生．我国刑事鉴定制度改革与完善［J］．中国刑事法杂志，2000（4）．

［32］孙长永．日本和意大利刑事庭审中证据调查程序评析［J］．现代法学，2002（6）．

［33］黄敏．我国应当建立"专家辅助人"制度——意大利"技术顾问"制度之借鉴［J］．中国司法鉴定，2003（4）．

［34］叶向阳．论诉讼制度及立法之完善［J］．法律科学，1995（3）．

［35］陈瑞华．论司法鉴定人的出庭作证［J］．中国司法鉴定，2005（4）．

［36］郭寿康，李剑．我国知识产权审判组织专门化问题研究——以德国联邦专利法院为视角［J］．法学家，2008（3）．

［37］文学．东京知识产权高等法院掠影［J］．中华商标，2005（12）．

［38］马东晓，张华．知识产权诉讼中的专业鉴定问题［J］．法律适用，2001（9）．

［39］陈亚军．超于绝对主义和相对主义——普特南哲学的终极命意［J］．厦门大学学报，2002（1）．

［40］蒋满元．知识产权侵权诉讼特点及其最优成本分析［J］．内蒙古社会科学（汉文版），2006（9）．

**（二）中文著作**

［1］王志广．中国知识产权刑事保护研究［M］．北京：中国人民公安大学出版社，2007．

［2］丛立先．网络版权问题研究［M］．武汉：武汉大学出版社，2007．

［3］蒋志培．网络与电子商务法［M］．北京：法律出版社，2002．

［4］吴伟光. 网络环境下的知识产权法 ［M］. 北京：高等教育出版社，2011.

［5］郑成思. 知识产权法 ［M］. 北京：法律出版社，1997.

［6］沈仁干. 数字技术与著作权：观念、规范与实例 ［M］. 北京：法律出版社，2004.

［7］费安玲. 防止知识产权滥用法律机制研究 ［M］. 北京：中国政法大学出版社，2009.

［8］萧雄淋. 新著作权法逐条释义（一）［M］. 台北：台湾五南图书出版公司，1996.

［9］何家弘. 谁的审判谁的权——刑事庭审制度改革的实证研究 ［M］. 北京：法律出版社，2011.

［10］和育东. 美国专利侵权救济 ［M］. 北京：法律出版社，2009.

［11］汪建成. 理想与现实——刑事证据理论的新探索 ［M］. 北京：北京大学出版社，2006.

［12］宋英辉，汤维建. 我国证据制度的理论与实践 ［M］. 北京：中国人民公安大学出版社，2006.

［13］何家弘. 新编犯罪侦查学 ［M］. 北京：中国法制出版社，2007.

［14］何家弘. 从相似到同一——犯罪侦查研究 ［M］. 北京：中国法制出版社，2008.

［15］龙宗旨. 证据法的理念、制度与方法 ［M］. 北京：法律出版社，2008.

［16］陈兴良. 刑法的人性基础 ［M］. 北京：中国方正出版社，1996.

［17］刘品新. 电子取证的法律规制 ［M］. 北京：中国法制出版社，2010.

［18］杨宇冠. 非法证据排除规则研究 ［M］. 北京：中国人民公安大学出版社，2002.

［19］何家弘. 从应然到实然——证据法学探究 ［M］. 北京：中国法制出版社，2008.

［20］何家弘．证据法学研究［M］．北京：中国人民大学出版社，2007．

［21］曹新明，梅术文．知识产权保护战略研究［M］．北京：知识产权出版社，2010．

［22］何家弘．外国证据法［M］．北京：法律出版社，2003．

［23］徐昕．英国民事诉讼与民事司法改革［M］．北京：中国政法大学出版社，2002．

［24］陈朴生．刑事证据法［M］．台北：台湾三民出版社，1979．

［25］吴丽琪．刑事诉讼法［M］．北京：法律出版社，2003．

［26］柴发邦．诉讼法大辞典［M］．成都：四川人民出版社，1989．

［27］李慧．证据制度的探索与反思［M］．北京：知识产权出版社，2011．

［28］寿步．网络游戏法律政策研究［M］．上海：上海交通大学出版社，2008．

［29］张耕．知识产权诉讼研究［M］．北京：法律出版社，2004．

（三）中文译著

［1］［美］约翰·冈茨，杰克·罗切斯特．数字时代盗版无罪［M］．周晓琪译．北京：法律出版社，2008．

［2］［美］米尔吉安·R.达玛斯卡．漂移的证据法［M］．李学军，刘晓丹，姚永吉，刘为军译．北京：中国政法大学出版社，2003．

［3］［美］罗纳德·J.艾伦等．证据法［M］．张保生等译．北京：高等教育出版社，2006．

［4］［美］乔恩·R.华尔兹．刑事证据大全［M］．何家弘，王若阳等译．北京：中国人民公安大学出版社，2004．

［5］［美］米尔吉安·R.达玛斯卡．比较法视野中的证据制度［M］．吴宏耀，魏晓娜等译．北京：中国人民公安大学出版社，2006．

（四）外文文献

［1］United States Code Congressional and Administrative News 102nd,

Congress-Second Session ［M］. West Publishing Co. Press, 1992, Volume 6, p. 4233.

［2］Act of May 31, 1790, ch. 15, 1 Stat. 124. Pub. L. No. 92 – 140, 85 Stat. 391 (1971).

［3］United States v. LaMacchia, 871 F. Supp. 535, 536 (D. Mass. 1994).

［4］Patent, Trademark and Copyright Journal, Vol. 50, No. 1240, p. 368.

［5］Black's Law Dictionary, 8th ed ［M］. West Publishing Co. , 2004, 800.

［6］Douglas Laycock, The Death of the Irreparable Injury Rule, 103 Harv. L. Rev. 687 (1990). Ebay v. Mercexchange, 126 S. Ct. 1837 (2006).

［7］James M. Fischer, Understanding Remedies ［M］. New York: Matthew Bender, 1999, p. 276.

［8］Aro Mfg. Co. v. Convertible Top Replacement Co. , 377 U. S. 476 (1964).

［9］Panduit Corp. v. Stahlin Bros. Fibre Works, Inc. , 575 F. 2d 1152, 1156, 197 U. S. P. Q. 726, 729 – 30 (6th Cir. 1978).

［10］Central Soya Co. v. George A. Hormel & Co. , 723F. 2d 1573, 220 U. S. P. Q. (BNA) 490 (Fed. Cir. 1983).

［11］Read Corp. v. Portec, Inc. , 970 F. 2d 816, 23 U. S. P. Q. 2d 1426 (Fed. Cir. 1992).

［12］Grain Processing Corp. v. American Maize – Products Co. , 893 F. Supp. 1386 (N. D. Ind. 1995), 108 F. 2d 1392 (Fed. Cir. 1997), 979 F. Supp. 1233 (N. D. Ind. 1997), 185 F. 3d 1341 (Fed. Cir. 1999).

［13］Carl Shapiro, Navigating the Patent Thicket: Cross Licenses, Patent Pools, and Standard-setting ［J］. Innovation Policy and the Economy 119, 120 (Adam Jaffe eds. , 2001).

［14］Tim Wu. When Code Isn't Law ［J］. Virginia Law Review, June 2003 (89), pp. 132 – 134.

［15］Zittrain, Jonathan. A History of Online Gatekeeping ［J］. Harvard Journal of Law & Technology, 2006 (19), p. 255.

［16］ Marvin Zalman and Larry Siegel, Criminal Procedure Constitution and Society ［M］. 1991, West Publishing Company, p. 558,

［17］ Marjie T. Britz, Computer Forensics and Cyber Crime: An Introduction ［M］. New Jersey: Prentice Hall Press, 2004, P. 2.

［18］ Thomas J. Holt and Adam M. Bossler, Examining the Applicability of Lifestyle-Routine Activities Theory for Cybercrime Victimization ［J］. Deviant Behavior, vol. 30, no. 1, 2009, p. 22.

［19］ Mirjan R. Damaska, M. 2001 Models of Criminal Procedure, （Collected Papers of Zagreb Law School, vol. 51）, pp. 477, 485 – 487.

## （五）网络文献

［1］ Federal Trade Commission of USA, To Promote Innovation: the Proper Balance of Competition and Patent Law and Policy, （October 2003）［OL］. http://www. ftc. gov/os/2003/10/innovationrpt. pdf.

［2］ The 2010/2011 IP Crime Report ［OL］. http://www. homeoffice. gov. uk/publications/crime/new-approach-fighting-crime? view = Binary, 18.

［3］ 天津高院成立知识产权审判技术咨询专家库 ［OL］. http://www. sipo. gov. cn/mtjj/2012/201203/t20120330_ 662314. html.

［4］ 法国 HADOPI 互联网法案：预防和惩治两手管理 ［OL］. http://www. dzwww. com/rollnews/news/201007/t20100708_ 6296547. htm.

［5］ 英国知识产权局公布新的在线企业指南 ［OL］. http://www. nipso. cn/onews. asp? id = 11852.

［6］ 网络著作权侵权三大事件回顾 ［OL］. http://www. ipr. gov. cn/ alxda-rticle/alxd/alxdbq/alxdbqgnal/201203/1286493_ 1. html.

［7］ 2011 网络安全事件大盘点 ［OL］. http://netsecurity. 51cto. com/ art/201112/310410. htm.

［8］ 国内首例下载网络作品侵权案"榕树下"获胜 ［OL］. http://news. eastday. com/epublish/gb/paper10/20001201/class001000020/hwz256042. htm.

[9] 王文波．国内最大网络歌曲著作权侵权案开审［OL］．http：//bjlzy. chinacourt. org/public/detail. php？id＝283.

[10] 搜狐网与土豆网之间的侵犯著作财产权纠纷案［OL］．http：//www. leg aldaily. com. cn/legal_ case/content/2010－11/26/content_ 2368993. htm?node＝21129.

[11] 美国《数字千年版权法》的未来［OL］．http：//www. ipr. gov. cn/guojiiprarticle/guojiipr/guobiehj/gbhjnews/201111/1265928_ 1. html.

[12] 陈俊杰，王娴，刁莹，汪群均，张孝成．六部委联合出招应对新型知识产权犯罪［OL］．http：//www. sina. com. cn.

[13] 北大方正集团有限公司等诉北京高术天力科技有限公司等计算机软件著作权侵权案［OL］．http：//anli. lawtime. cn/ipzhuzuo/201109201508 21. html.

[14] 加强知识产权行政执法是现实迫切需求［OL］．http：//www. sipo. gov. cn/mtjj/2012/201206/t20120629_ 716833. html.

[15]《二○一○年中国知识产权保护状况》白皮书［OL］．http：//www. nipso. cn/onews. asp？id＝11394.

[16] KTV 版权收费之争：文化部与版权局谁说了算？［OL］．http：//news. xinhuanet. com/fortune/2006－08/21/content_ 4987145. htm.

[17] 中国知识产权保护涉及到的部门及职责［OL］．http：//www. sipo. gov. cn/2006/200804/t20080401_ 362056. html.

[18] 窦瑞华．关于完善知识产权管理体制的建议［OL］．http：//www. huabipr. net. cn/detail. asp？id＝1591.

[19] 李小坚，王献华．侵犯著作权刑事案件骤增原因分析及对策建议［OL］．http：//www. jhcourt. cn/NewShow. aspx？id ＝5563.

[20] 专利行政执法［OL］．http：//www. sipo. gov. cn/gk/ndbg/2001/200804/t20080401_ 364381. html.

[21] 市人民政府办公厅关于加强全市知识产权协调工作的意见［OL］．http：//www. whipb. gov. cn/article. do？aid＝2509.

［22］普陀区建立知识产权联席会议制度［OL］. http：//www. sipa. gov. cn/gb/zscq/nodel/node76/node88/userobject1ai3884. html.

［23］上海市黄浦区知识产权联席会议召开第一次工作会议［OL］. http：//www. sipa. gov. cn/gb/zscq/nodel/node76/node89/userobject1ai3909. html.

［24］上海嘉定开展"两法衔接"信息共享平台专项检查活动［OL］. http：//www. jcrb. com/procuratorate/jckx/201208/t20120828_935220. html.

［25］嘉定检察院探索建立多项机制推进"两法衔接"前移监督关口 促进依法行政［OL］. http：//law. eastday. com/dongfangfz/2010dffz/fzxw/ula63079. html.

［26］徐芳. 略论"两法衔接工作中信息共享平台建设"［OL］. http：//www. ahfxh. org. cn/news_ detail. asp？ id＝2643.

［27］三星和苹果为专利诉讼中"大人物证人"展开竞争［OL］. http：//korea. people. com. cn/205155/205166/7904424. html.

［28］三星苹果"世纪大战"苹果成最大赢家？［OL］. http：//www. c114. net/topic/3570. html.

［29］专利官司全面爆发 三星苹果高富帅 PK 傲骄男［OL］. http：//www. bjd. com. cn/10jsxw/201208/17/t20120817_ 3005280. html.

［30］苹果三星专利战揭幕 结果或影响智能机外观及价格［OL］. http：//digi. hsw. cn/system/2012/08/01/051406797. html.

［31］苹果证人：消费者会误认三星平板为 iPad［OL］. http：//news. my drivers. com/1/237/237 059. htm.

［32］8848 被判不正当竞争 赔偿三网站共 116 万元［OL］. http：//www. chinalawinfo. com/fzdt/NewsContent. aspx？ id＝15807.

［33］张玉瑞，韩秀成. 我国知识产权司法体制改革报告［OL］. http：//www. iolaw. org. cn/showarticle. asp？ id＝3014.

［34］日本的知识产权高等法院［OL］. http：//www. court. gov. cn/yyfx/yyfxyj/ztllyj/sfcbysfxl/201112/t20111211_ 168041. html.

［35］史新章. 我国台湾地区智慧财产法院简介［OL］. http：//www. mar-ketbook. cn/Sbgzdt/133259789426948. html.

（六）学位论文

［1］邓建志. WTO 框架下中国知识产权行政保护问题研究［D］. 同济大学 2008 级博士学位论文.

［2］段维. 网络时代版权法律保护问题研究［D］. 华东政法大学 2003 级博士学位论文.